IGNATIUS
DIE EXERZITIEN

AF179033

IGNATIUS VON LOYOLA

DIE EXERZITIEN

JOHANNES

Übertragen von Hans Urs von Balthasar

16. Auflage 2023
© Johannes Verlag Einsiedeln, Freiburg
Alle Rechte vorbehalten
Mit kirchlicher Druckerlaubnis
des Bischöflichen Ordinariates Basel vom 2.April 1946
Druck: Pustet, Regensburg
ISBN 978 3 89411 028 4

Seele Christi, heilige mich.
Leib Christi, rette mich.
Blut Christi, berausche mich.
Wasser der Seite Christi, wasche mich.
Leiden Christi, stärke mich.
O guter Jesus, erhöre mich.
In Deinen Wunden verberge mich.
Von Dir laß nimmer scheiden mich.
Vom bösen Feind beschütze mich.
Zur Stunde meines Todes rufe mich.
Und zu Dir kommen heiße mich,
Daß ich mit Deinen Heiligen lobe Dich,
Von Ewigkeit zu Ewigkeit. Amen.

BEMERKUNGEN

zur Erlangung einiger Kenntnis über die folgenden geistlichen Übungen und zur Hilfe sowohl für den, der sie zu
geben, wie für den, der sie zu empfangen hat.

DIE ERSTE BEMERKUNG. Unter geistlichen Übungen ver-   1
steht man jede Art, das Gewissen zu erforschen, sich zu
besinnen (meditar), zu betrachten (contemplar), mündlich
und im Geiste zu beten und andere geistige Tätigkeiten,
wie später erklärt wird. Denn wie Lustwandeln, Ausschrei-
ten und Laufen körperliche Übungen sind, so nennt man
geistliche Übungen jede Weise, die Seele vorzubereiten
und in Bereitstellung zu setzen (disponer), dazu hin, alle
ungeordneten Hinneigungen von sich zu tun, und nachdem sie abgelegt sind, den göttlichen Willen zu suchen
und zu finden in der Einrichtung (disposición) des eigenen
Lebens zum Heile der Seele.

DIE ZWEITE. Jener, der einem anderen Weise und Ordnung   2
für die Besinnung oder Betrachtung vorlegt, soll getreu
die Geschichte erzählen, über die die Betrachtung oder Besinnung gehalten werden soll, indem er die Hauptpunkte mit kurzer und inbegriffshafter Erklärung durcheilt.
Denn wenn der Betrachtende die wahre Grundlage der
Geschichte so kennenlernt, daß er selbständig sie überdenken und auf ihren Grund dringen kann, und wenn er dabei
irgend etwas findet, was die Geschichte ein wenig mehr
erhellt und kosten läßt — mag dies nun durch eigenes Ein-
dringen sein, oder sofern die Einsicht durch göttliche Kraft
erleuchtet wird —, so gewährt dies mehr Geschmack und
geistliche Frucht, als wenn der, der die Übungen gibt, den
Sinn der Geschichte viel erklärt und ausgeweitet hätte;
denn nicht das Vielwissen sättigt die Seele und gibt ihr
Genüge, sondern das Fühlen und Kosten der Dinge von
innen.

3 DIE DRITTE. Da wir bei allen folgenden geistlichen Übungen die Akte der Einsicht im Nachdenken, die des Willens im Hingeneigt- und Hingezogenwerden gebrauchen, so sollten wir beachten, daß bei den Akten des Willens, wenn wir mündlich oder im Geist mit Gott Unserem Herrn oder mit Seinen Heiligen reden, von unserer Seite jeweils größere Ehrfurcht erfordert ist, als wenn wir die Einsicht zum Einsehen gebrauchen.

4 DIE VIERTE. Wenn auch für die folgenden Übungen vier Wochen angesetzt werden, entsprechend den vier Teilen, in welche die Übungen eingeteilt werden, nämlich einen ersten: die Erwägung (consideración) und Betrachtung (contemplación) der Sünden, einen zweiten: das Leben Unseres Herrn bis einschließlich zum Palmtag, einen dritten: die Passion Christi Unseres Herrn, einen vierten: die Auferstehung und Himmelfahrt unter Beifügung der drei Gebetsweisen — ist das doch nicht so zu verstehen, daß jede Woche notwendig sieben oder acht Tage umfassen muß. Denn da es vorkommt, daß in der ersten Woche manche zögernder sind im Finden dessen, was sie suchen: Zerknirschung, Schmerz, Tränen über ihre Sünden; wie ferner die einen eifriger sind als die andern und mehr von verschiedenen Geistern umherbewegt und geprüft, ist es erfordert, die Woche das eine Mal abzukürzen, das andere Mal zu verlängern. Und so werde es auch in den andern folgenden Wochen gehalten, indem man alles gemäß der jeweiligen Lage einzurichten sucht. Doch sollen die Übungen in ungefähr dreißig Tagen zum Abschluß gebracht werden.

5 DIE FÜNFTE. Dem, der die Übungen empfängt, ist es sehr nützlich, mit großer Seele und mit Weitherzigkeit (con grande animo y liberalidad) seinem Schöpfer und Herrn gegenüber in sie einzutreten, Ihm sein ganzes Streben und seine Freiheit darbringend, damit Seine Göttliche Majestät sowohl seiner Person wie seines gesamten Besitzes gemäß Ihrem Heiligsten Willen sich bediene.

DIE SECHSTE. Wenn der Exerzitiengeber gewahrt, daß in der Seele dessen, der sie empfängt, keinerlei geistliche Bewegungen stattfinden, als da sind Tröstungen oder Trostlosigkeiten, und er nicht von verschiedenen Geistern getrieben wird, muß er ihn viel um die Übungen fragen: ob er sie zu den festgesetzten Zeiten halte, und wie, und desgleichen um die Zusätze, ob er sie mit Sorgfalt beachte; über alle diese Dinge soll er sich im einzelnen erkundigen. Von Trost und Trostlosigkeit wird Nr. 316f., von den Zusätzen Nr. 73f. gehandelt. 6

DIE SIEBTE. Sieht der Exerzitiengeber, daß sich der Empfangende in Trostlosigkeit und Anfechtung befindet, so begegne er ihm nicht hart und rauh, sondern mild und sanft, indem er ihm Mut und Kraft für die Zukunft einflößt, die Trugwerke des Feindes der menschlichen Natur aufdeckt und ihm die Wege weist, sich auf die kommende Tröstung vorzubereiten und in Bereitschaft zu stellen (disponer). 7

DIE ACHTE. Der Exerzitiengeber kann dem Empfangenden, je nach der Dringlichkeit, die er in ihm spürt, in bezug auf die Trostlosigkeiten und Listen des Feindes oder auf die Tröstungen die Regeln der ersten und der zweiten Woche über die Kenntnis der verschiedenen Geister erklären. Nr. 313f. 8

DIE NEUNTE. Wenn die Person, die sich in den Übungen der ersten Woche befindet, in geistlichen Dingen nicht bewandert ist, und wenn sie grob und offen getäuscht wird, wenn ihr etwa Hindernisse vorgestellt werden, im Dienste Unseres Herrn voranzuschreiten, als da sind Beschwerlichkeiten, Menschenfurcht und Zittern um weltliche Ehre und so fort, dann achte der Exerzitiengeber darauf, ihr nicht die Regeln der zweiten Woche über die verschiedenen Geister vorzulegen. Denn so nützlich ihr die Regeln der ersten Woche sein werden, so sehr werden ihr die der 9 zweiten Woche schaden, weil ihr Stoff zu fein und zu hoch ist, als daß sie ihn fassen könnte.

10 DIE ZEHNTE. Wenn der Exerzitiengeber spürt, daß der Empfangende unter dem Schein des Guten angefochten und versucht wird, dann ist es an der Zeit, ihm die erwähnten Regeln der zweiten Woche zu erklären. Denn für gewöhnlich versucht der Feind der menschlichen Natur dann mehr unter dem Schein des Guten, wenn einer sich auf dem Weg der Erleuchtung übt, der den Übungen der zweiten Woche entspricht, und nicht so sehr auf dem Weg der Reinigung, der den Übungen der ersten Woche entspricht.

11 DIE ELFTE. Für den sich Übenden ist es gut, daß er während der ersten Woche nichts von dem erfährt, was er in der zweiten Woche zu tun haben wird, sondern daß er in der ersten so sehr sich bemühe, das zu erlangen, was er sucht, als ob er in der zweiten nichts Gutes mehr zu finden hoffte.

12 DIE ZWÖLFTE. Der Exerzitiengeber soll den, der sie empfängt, viel ermahnen, da er in jeder der fünf täglichen Übungen oder Betrachtungen eine Stunde lang zu verweilen hat, dafür zu sorgen, daß seine Seele befriedigt bleibe in Gedanken, eine volle Stunde in den Übungen bestanden zu haben, und eher mehr als weniger. Denn der Feind pflegt nicht wenig dahin zu wirken, daß die Stunde einer solchen Betrachtung, Besinnung oder des Gebetes abgekürzt werde.

13 DIE DREIZEHNTE. Weiter ist zu beachten: Wenn es zur Zeit der Tröstung leicht ist, eine ganze Stunde in der Betrachtung zu bestehen, so ist es zur Zeit der Trostlosigkeit sehr schwer, sie auszufüllen. Darum soll der sich Übende, um gegen die Trostlosigkeit anzugehen und die Anfechtung zu besiegen, immer ein wenig mehr als die volle Stunde ausharren, damit er sich daran gewöhne, dem Feind nicht nur zu widerstehen, sondern ihn auch niederzuschlagen.

DIE VIERZEHNTE. Wenn der Exerzitiengeber sieht, daß der Empfangende getröstet und in großem Eifer vorangeht, so soll er ihn zuvorkommend warnen, irgendein unbedachtes und verfrühtes Versprechen oder Gelübde abzulegen. Und je mehr er ihn als von leichtem Wesen kennt, um so mehr muß er ihn im voraus warnen und ermahnen. Denn obwohl es wahr ist, daß einer einen andern richtigerweise zum Ergreifen des Ordensstandes bewegen kann, in welchem, wie bekannt ist, die Gelübde des Gehorsams, der Armut und der Keuschheit abgelegt werden, und obwohl ein gutes Werk, das auf Grund eines Gelübdes getan wird, verdienstlicher ist als eines, das ohne Gelübde verrichtet wird, so ist doch gar sehr auf die persönliche Lage und Veranlagung zu achten, und darauf, wieviel Hilfe oder Hemmung einer bei der Ausführung dessen, was er versprechen möchte, finden kann.

DIE FÜNFZEHNTE. Der Exerzitiengeber darf den Empfan- genden nicht mehr zur Armut oder zu einem Versprechen hin bewegen als zu deren Gegenteil, noch auch mehr zu einem Stand oder einer Lebensweise als zu einer andern. Denn wenn wir auch außerhalb der Exerzitien erlaubter- und verdienstlicherweise alle jene, deren Eignung mit Recht angenommen werden kann, dazu bewegen dürfen, Enthaltsamkeit, Jungfräulichkeit, Ordensstand und jede Art von evangelischer Vollkommenheit zu erwählen, so ist es doch innerhalb der geistlichen Übungen beim Suchen des göttlichen Willens jeweils mehr entsprechend und viel besser, daß Er selber, der Schöpfer und Herr, sich Seiner Ihm hingegebenen Seele mitteile, sie zu Seiner Liebe und Seinem Lobpreis umfange und sie zu jenem Weg hin berei- te (disponer), auf dem sie Ihm fürderhin je besser dienen kann. Dergestalt, daß der Exerzitiengeber sich weder zu der einen noch zu der andern Seite hinwende und hinneige, sondern, in der Mitte stehend wie eine Waage, unmittelbar den Schöpfer mit Seinem Geschöpf wirken lasse und das Geschöpf mit seinem Schöpfer und Herrn.

16 DIE SECHZEHNTE. Zu diesem Zweck, daß nämlich der Schöpfer und Herr je sicherer in Seinem Geschöpf wirke, ist es, falls eine solche Seele ungeordneterweise an einer Sache hängt oder zu ihr hinneigt, sehr angemessen, sich mit Aufbietung aller ihrer Kräfte zum Gegenteil dessen, wozu sie die ungeordnete Neigung hat, hinzubewegen. So soll sie, wenn sie zum Beispiel das Verlangen hat, ein Amt oder eine kirchliche Pfründe zu erlangen oder zu behalten, und dies nicht um der Ehre und Glorie Gottes Unseres Herrn noch um des geistlichen Vorteils der Seele willen, sondern zu eigenen Vorteilen und zeitlichen Interessen, zum Gegenteil hin sich stimmen (affectarse), indem sie in Gebeten und andern geistlichen Übungen hindrängt und von Gott Unserem Herrn das Gegenteil erbittet, nämlich eine solche Würde und Ehrenstelle oder irgendeine andere Sache nicht anzustreben, es sei denn, Seine göttliche Majestät ordne ihre Begierden und wandle ihre ursprüngliche Neigung so, daß der einzige Grund, das eine oder andere zu begehren oder zu behalten, sei der ausschließliche Dienst, die Ehre und Glorie Seiner Göttlichen Majestät.

17 DIE SIEBZEHNTE. Es ist sehr nützlich, daß der Exerzitiengeber einerseits nicht versuche, die persönlichen Gedanken und Sünden des Empfangenden auszuforschen und kennenzulernen, daß er aber anderseits getreu unterrichtet werde über die verschiedenen Regungen und Gedanken, die die verschiedenen Geister jenem einflößen. So kann er ihm entsprechend seinem größeren oder geringeren Vorankommen verschiedene geistliche Übungen vorlegen, die der Not einer so bewegten Seele angepaßt und zugemessen sind.

18 DIE ACHTZEHNTE. Die vorliegenden Übungen haben sich an die Voraussetzungen (disposición) derer, die sie empfangen wollen, nämlich an ihr Alter, ihre Bildung oder ihre Begabung, anzupassen, damit nicht einem, der ungebildet oder von geringem geistigem Umfang ist, Dinge vorgetra-

gen werden, die er nicht ohne Überspannung seiner Kräfte zu tragen und aus denen er keinen Nutzen zu ziehen vermag. Desgleichen soll einem jeden entsprechend der Weise, in der er sich zur Verfügung stellen will (disponer), das vorgelegt werden, woraus er jeweils mehr Nutzen und Fortschritt ziehen kann.

Wer deshalb [nur] verlangt, daß man ihm behilflich sei, sich zu unterrichten und bis zu einem gewissen Grade der Beruhigung seiner Seele zu gelangen, dem kann man die besondere und nachher die allgemeine Prüfung (Nr. 24f.) vorlegen, und dazu die Anweisung, morgens eine halbe Stunde über die Gebote, die Hauptsünden usw. (Nr. 238f.) [betrachtend] zu beten. Man empfehle ihm auch, alle acht Tage seine Sünden zu beichten und, wenn es ihm möglich ist, alle vierzehn Tage, oder, wenn er sich dazu angeregt fühlt, noch besser alle acht Tage die Kommunion zu empfangen. Diese Weise eignet sich mehr bei solchen, die einfacheren und ungebildeten Geistes sind, wobei man ihnen die verschiedenen Gebote und desgleichen die Hauptsünden, die Kirchengebote, den [rechten Gebrauch der] fünf Sinne und die Werke der Barmherzigkeit erklären soll. Sieht ferner der Exerzitiengeber, daß der Empfänger einen kleinen geistigen Horizont (de poco subjecto) oder kleine natürliche Fassungskraft besitzt, und daß deshalb von ihm nicht viel Frucht zu erwarten steht, so ist es angemessener, ihm nur einige von diesen leichten Übungen zu geben, bis er zur Beichte seiner Sünden gelange; ihm sodann einige Anleitungen zur Prüfung des Gewissens und zum öfteren Beichten als bisher vorzulegen, damit er sich in dem, was er gewonnen hat, erhalte. Doch gehe der Exerzitiengeber nicht darüber hinaus und trete nicht in den Stoff der Erwählung ein noch in irgendwelche andern Übungen, die außerhalb der ersten Woche liegen, zumal wenn bei andern ein größerer Nutzen erzielt werden kann und die Zeit nicht für alles reicht.

19 DIE NEUNZEHNTE. Einem, der von Dingen der Öffentlichkeit oder von wichtigen Geschäften in Anspruch genommen ist, der aber doch Bildung und gute Begabung besitzt, gebe man für die Übungen anderthalb Stunden [täglich]; man erkläre ihm, wozu der Mensch geschaffen ist; man kann ihm weiter, für die Zeit einer halben Stunde, die besondere, und nachher die allgemeine Prüfung erläutern, und die Weise zu beichten und das Sakrament zu empfangen. An drei Tagen soll er jeden Morgen eine Stunde lang die Betrachtung von der ersten, zweiten und dritten Sünde halten (Nr. 45f.), dann an drei weiteren Tagen die Betrachtung von der Aufreihung der Sünden (Nr. 55f.), hierauf handle er an drei weiteren Tagen zur gleichen Stunde von den der Sünde entsprechenden Strafen (Nr. 65f.). Im Verlauf der drei Betrachtungen erkläre man ihm die zehn Zusätze und halte dann die gleiche Folge ein für die Geheimnisse Christi Unseres Herrn, wie sie später bei den Übungen selbst ausführlich erklärt werden.

20 DIE ZWANZIGSTE. Dem, der ungehinderter ist und soweit als immer möglich voranzukommen wünscht, mögen die ganzen geistlichen Übungen in der Ordnung gegeben werden, in der sie einander folgen. Er wird dabei für gewöhnlich um so mehr vorankommen, je mehr er sich abseits abscheidet von allen Freunden und Bekannten und von aller irdischen Sorge, indem er zum Beispiel das Haus verläßt, das er bewohnt hat, und sich ein anderes Haus oder Zimmer wählt, um daselbst so zurückgezogen als möglich zu leben; in der Weise, daß er Gelegenheit hat, täglich zu Messe und Vesper zu gehen, ohne Furcht, von seinen Verwandten daran gehindert zu werden. Aus dieser Abgeschiedenheit ergeben sich, unter vielen andern, drei besondere Vorteile:

Erstens: der Mensch, der sich abseits abscheidet von vielen Freunden und Bekannten und nicht minder von vielen nicht gut geordneten Geschäften, zum Dienst und zum Lobpreis Gottes Unseres Herrn, verdient nicht wenig vor Seiner Göttlichen Majestät.

14

Zweitens: indem er so abseits abgeschieden steht und seine Einsicht nicht auf die Vielfalt der Dinge zersplittert, sondern seine ganze Sorge auf eine einzige Sache richtet: seinem Schöpfer zu dienen und in seiner eigenen Seele voranzukommen, bedient er sich seiner natürlichen Fähigkeiten in größerer Freiheit, um mit Eifer und Sorgfalt das zu verfolgen, was er so sehr ersehnt.

Drittens: Je mehr unsere Seele sich allein und abseits abgeschieden findet, um so geeigneter macht sie sich, ihrem Schöpfer und Herrn zu nahen und an Ihn zu rühren, und je mehr sie sich so an Ihn bindet, um so mehr stellt sie sich bereit (se dispone), Gnaden und Gaben zu empfangen von Seiner Göttlichen und Höchsten Güte.

dazu hin, sich selbst zu überwinden

und sein Leben zu ordnen,

ohne sich durch irgendeine Neigung,

die ungeordnet wäre,

bestimmen zu lassen.

Damit sowohl der, der die geistlichen Übungen gibt, wie 22
der, der sie empfängt, einander jeweils mehr helfen und
fördern, haben sie vorauszusetzen, daß jeder gute Christ
mehr bereit sein muß, eine Aussage des Nächsten zu retten,
als sie zu verdammen. Vermag er sie aber nicht zu retten,
so forsche er nach, wie jener sie versteht, und wenn er sie
übel versteht, so verbessere er ihn mit Liebe, genügt dies
aber nicht, so suche er alle passenden Mittel, daß jener, sie
richtig verstehend, sich rette.

PRINZIP UND FUNDAMENT

Der Mensch ist geschaffen dazu hin, Gott Unseren Herrn 23
zu loben, Ihn zu verehren und Ihm zu dienen, und so seine
Seele zu retten.

Die andern Dinge auf Erden sind zum Menschen hin
geschaffen, und um ihm bei der Verfolgung seines Zieles zu
helfen, zu dem hin er geschaffen ist. Hieraus folgt, daß der
Mensch sie soweit zu gebrauchen hat, als sie ihm zu seinem
Ziele hin helfen, und soweit zu lassen, als sie ihn daran hin-
dern.

Darum ist es notwendig, uns allen geschaffenen Dingen
gegenüber gleichmütig (indiferentes) zu machen, überall
dort, wo dies der Freiheit unseres Wahlvermögens einge-
räumt und nicht verboten ist, dergestalt, daß wir von unserer Seite Gesundheit nicht mehr als Krankheit begehren,

Reichtum nicht mehr als Armut, Ehre nicht mehr als Ehr-
losigkeit, langes Leben nicht mehr als kurzes, und dementsprechend in allen übrigen Dingen, einzig das ersehnend
und erwählend, was uns jeweils mehr zu dem Ziele hin för-
dert, zu dem wir geschaffen sind.

[ERSTE WOCHE]

BESONDERE UND TÄGLICHE PRÜFUNG 24

begreift in sich drei Zeiten und eine zweimalige
Selbstprüfung

DIE ERSTE ZEIT ist, daß der Mensch am Morgen sogleich
beim Aufstehen den Vorsatz fasse, sich vor jener besonderen Sünde oder dem Fehler zu hüten, von dem er sich frei-
zumachen und zu bessern strebt.

DIE ZWEITE: nach dem Mittagessen von Gott Unserem 25
Herrn erbitten, was der Mensch sucht: die Gnade, sich zu
erinnern, wie oft er in die besondere Sünde oder den Fehler
gefallen ist, und sich in Zukunft zu bessern. Er halte also
die erste Prüfung, indem er Rechenschaft von seiner Seele
fordert über die besondere Sache, die er sich vornahm und
von der er sich zu befreien und zu bessern wünscht; über-
gehe Stunde um Stunde, oder Zeitraum um Zeitraum, angefangen von der Stunde des Aufstehens bis zu Stunde und
Augenblick der gegenwärtigen Prüfung, merke auf der ersten Linie des Schemas so viele Punkte an, als die Zahl der
Rückfälle in die besondere Sünde oder den Fehler beträgt,
und nehme sich hierauf von neuem vor, sich bis zur zweiten Prüfung, die er halten wird, zu bessern.

DIE DRITTE ZEIT: nach dem Abendessen halte er die zweite 26
Prüfung auf die gleiche Weise von Stunde zu Stunde, angefangen bei der ersten Prüfung bis zur gegenwärtigen
zweiten, und trage auf der zweiten Linie desselben Schemas soviel Punkte ein, als der Zahl der Rückfälle in die
besondere Sünde oder den Fehler entspricht.

Es folgen vier Zusätze, um je rascher jene besondere Sünde 27
oder den Fehler zu lassen.

ERSTER ZUSATZ: Sooft der Mensch in jene besondere Sünde oder in den Fehler gefallen ist, schlage er sich mit der Hand an die Brust, aus Schmerz, gefallen zu sein. Was auch in Gegenwart vieler geschehen kann, ohne daß diese merken, was er tut.

28 DER ZWEITE: Da die erste Linie des Schemas die erste, die zweite Linie die zweite Prüfung bedeutet, so sehe er abends nach, ob er sich von der ersten zur zweiten Linie, will sagen von der ersten zur zweiten Prüfung gebessert hat.

29 DER DRITTE: Er vergleiche den zweiten Tag mit dem ersten, das heißt die beiden heutigen Prüfungen mit den beiden gestrigen, und sehe nach, ob er sich vom einen zum andern Tag gebessert hat.

30 DER VIERTE: Er vergleiche die eine Woche mit der andern und sehe nach, ob er sich in der jetzigen, verglichen mit der vorigen Woche, gebessert hat.

31 BEMERKUNG: Das große G am Anfang des Schemas bedeutet den Sonntag, das zweite kleine, den Montag, das dritte den Dienstag, und so fort.

G ——————————————

g ——————————————

g ——————————————

g ——————————————

g ——————————————

g ——————————————

g ——————————————

um sich zu reinigen und besser zu beichten

Ich setze voraus, daß es dreierlei Gedanken in mir gibt: solche, die mein eigen sind und allein meiner Freiheit und meinem Willen entspringen, während die beiden andern von außen kommen: der eine vom guten, der andere vom bösen Geist.

VOM GEDANKEN 33

Auf zweierlei Art kann man bei schlechten Gedanken, die von außen kommen, verdienstlich werden. Einmal so: es kommt ein Gedanke, eine Todsünde zu begehen; diesem Gedanken widerstehe ich alsbald, und er bleibt überwunden.

Die zweite Art zu verdienen ist, wenn mir derselbe 34 schlechte Gedanke kommt, und ich widerstehe ihm, er kommt aber zurück, wieder und wieder, und ich widerstehe beständig, bis der Gedanke überwunden weicht. Und diese zweite Weise hat größeres Verdienst als die erste.

Läßlich sündigt man, wenn derselbe Gedanke, tödlich 35 zu sündigen, kommt, und der Mensch leiht ihm das Ohr, indem er ein wenig dabei verweilt oder einiges sinnliche Wohlgefallen davon empfängt, oder wenn einige Nachlässigkeit im Verwerfen eines solchen Gedankens vorhanden ist.

Tödlich sündigt man auf zweierlei Art: erstens so, daß 36 man Zustimmung zu einem schlechten Gedanken gibt, in der Absicht, nachher der Zustimmung entsprechend zu handeln, oder die Tat auszuführen, falls man könnte.

Die zweite Art, eine Todsünde zu tun, ist, wenn jene 37 Sünde in die Tat übergeht, und diese Art ist aus drei Gründen schwerer: erstens wegen des Mehr an Zeit, zweitens wegen des Mehr an Anstrengung, drittens wegen dem größeren Schaden für beide Personen.

Nicht schwören; weder beim Schöpfer noch beim Geschöpf, es sei denn mit Wahrheit, aus Notwendigkeit und
mit Ehrfurcht. Notwendigkeit liegt nicht dann vor, wenn
man eine beliebige Wahrheit bekräftigt, sondern wenn diese von etwelcher Bedeutung ist für das Fortkommen der
Seele oder des Leibes oder der zeitlichen Güter. Ehrfurcht
besteht dann, wenn man beim Nennen seines Schöpfers
und Herrn sich besinnt und Ihm so die geschuldete Ehre
und Achtung erweist.

39 Dabei ist zu beachten: obgleich wir bei einem vermessenen
Eid schwerer sündigen, wenn wir beim Schöpfer, als wenn
wir beim Geschöpf schwören, so ist es doch schwieriger,
gebührend mit Wahrheit, Notwendigkeit und Ehrfurcht
beim Geschöpf als beim Schöpfer zu schwören, aus folgenden Gründen:

Erstens: Wenn wir bei irgendeinem Geschöpf schwören
wollen, macht uns die Absicht, ein Geschöpf anzurufen,
nicht so behutsam und besorgt, die Wahrheit zu sagen oder
sie mit Notwendigkeit auszusprechen, als die Absicht, den
Herrn und Schöpfer aller Dinge anzurufen.

Zweitens: schwört man bei einem Geschöpf, so ist es
weniger leicht, dem Schöpfer Ehrfurcht und Aufwartung
zu erweisen, als im beschwörenden Anruf des Schöpfers
und Herrn selbst. Denn die Absicht, Gott Unsern Herrn
zu nennen, führt in sich selber zu einer größeren Aufwartung und Ehrfurcht als die Absicht, etwas Geschaffenes zu
nennen. Darum ist es mehr den Vollkommenen gestattet,
beim Geschöpf zu schwören, als den Unvollkommenen,
denn die Vollkommenen pflegen auf Grund dauernder Betrachtung (contemplación) und der Erleuchtung der Einsicht mehr zu erwägen, zu überdenken und anzuschauen
Gott Unsern Herrn in jedem Geschöpf gemäß Seiner eigenen Wesenheit, Gegenwart und Macht, und so sind sie,
wenn sie beim Geschöpf schwören, jeweils mehr geeignet

und vorbereitet, ihrem Schöpfer und Herrn Aufwartung und Ehrfurcht zu bieten als die Unvollkommenen.

Drittens: bei einem ständigen Schwören beim Geschöpf ist Abgötterei bei den Unvollkommenen mehr zu befürchten als bei den Vollkommenen.

Kein müßiges Wort reden. Ich verstehe darunter ein solches, das weder mir noch einem anderen nützt, noch auf eine solche Absicht sich hinrichten läßt. Redet man daher im ganzen um dessentwillen, was förderlich ist, oder ist die Absicht diese, der eigenen oder fremden Seele oder dem Leib oder den zeitlichen Gütern zu nützen, so ist die Rede nie müßig, auch dann nicht, wenn einer von Dingen redet, die außerhalb seines Standes liegen, wie wenn ein Ordensmann vom Krieg oder von Handelsgeschäften spricht. Vielmehr liegt in allem Gesprochenen dann ein Verdienst, wenn es wohlgeordnet ist, eine Sünde dagegen, wenn es schlechtgerichtet oder nutzlos geredet ist. 40

Nichts sagen, was verleumdet oder ins Gerede bringt. Denn wenn ich eine Todsünde aufdecke, die nicht öffentlich bekannt ist, sündige ich tödlich, wenn ich eine läßliche aufdecke, läßlich, wenn einen Fehler, zeige ich meinen eigenen Fehler. Ist die Absicht gut, so kann man auf zwei Arten über die Sünde oder die Verfehlung eines anderen reden: 41

Erstens: wenn die Sünde eine öffentliche ist, etwa über eine öffentliche Dirne oder über einen richterlichen Urteilsspruch oder über einen öffentlichen Irrtum, der die Seelen ansteckt, mit denen man umgeht.

Zweitens: wenn eine verborgene Sünde jemandem aufgedeckt wird, damit dieser dem Gefallenen helfe und ihn aufrichte, vorausgesetzt, daß man Vermutungen oder gute Gründe hat anzunehmen, er werde ihm behilflich sein können.

42 Als Gegenstand werden genommen: die zehn Gebote, die Gebote der Kirche und die Anempfehlungen der Obern. Was immer gegen eines dieser drei Stücke ins Werk gesetzt wird, ist gemäß der größeren oder geringeren Beschaffenheit größere oder geringere Sünde. Unter Anempfehlungen der Obern verstehe ich zum Beispiel Kreuzzugsbullen und andere Ablaßbullen, wie die für den Frieden, die denen, welche beichten und das Heiligste Sakrament empfangen, gewährt werden. Denn man sündigt nicht wenig, wenn man Ursache wird, daß etwas gegen so fromme Ermahnungen und Anempfehlungen unserer Vorgesetzten geschieht, oder wenn man selber dagegen handelt.

43 WEISE, DIE ALLGEMEINE PRÜFUNG ZU MACHEN

Sie enthält fünf Punkte

DER ERSTE PUNKT ist: Gott Unserem Herrn Dank sagen für die empfangenen Wohltaten.

DER ZWEITE: Gnade erbitten, die Sünden zu erkennen und von sich zu werfen.

DER DRITTE: Rechenschaft fordern von seiner Seele, angefangen von der Stunde des Aufstehens bis zur gegenwärtigen Prüfung, Stunde um Stunde, Zeit um Zeit; und zuerst über die Gedanken, dann aber über die Worte, dann über die Werke, in derselben Folge, die bei der besonderen Prüfung dargelegt wurde.

DER VIERTE: Verzeihung erbitten von Gott Unserem Herrn für die Verfehlungen.

DER FÜNFTE: Besserung sich vornehmen mit Seiner Gnade. Vater Unser.

Aus der Generalbeichte ergeben sich für den, der sie frei- 44
willig ablegen will, unter manchen andern drei Vorteile für
die gegenwärtige Zeit:

Der erste: Obwohl der, der alle Jahre beichtet, nicht verpflichtet ist, eine Generalbeichte abzulegen, so hat er doch,
wenn er sie ablegt, mehr Gewinn und Verdienst infolge des
jeweils größeren lebendigen Schmerzes über die sämtlichen
Sünden und Bosheiten seines gesamten Lebens.

Der zweite: Weil in solchen geistlichen Übungen die
Sünden und ihre Bosheit sich jeweils innerlicher erkennen
lassen als zur Zeit, da der Mensch sich nicht so den innern
Dingen hingab, und er jetzt jeweils mehr Kenntnis und
Schmerz über sie gewinnt, darum hat er auch mehr Gewinn
und Verdienst, als er sonst gehabt hätte.

Der dritte: es ist folgerichtig, daß je besser man gebeich-
tet hat und je besser man gestimmt ist (dispuesto), man
auch je geeigneter und besser vorbereitet ist, das Heiligste
Sakrament zu empfangen, dessen Empfang nicht nur dazu
hilft, nicht in die Sünde zu fallen, sondern auch dazu, im
Wachstum der Gnade erhalten zu werden.

Diese Generalbeichte wird je besser unmittelbar nach
den Übungen der ersten Woche abgelegt.

DIE ERSTE ÜBUNG 45

ist eine Besinnung mit den drei Fähigkeiten über die *erste,*
zweite und dritte Sünde. Sie enthält nach einem Vorbereitungsgebet und zwei Einstellungen drei Hauptpunkte und
ein Gespräch.

Das Vorbereitungsgebet ist: von Gott Unserem Herrn 46
die Gnade erbitten dazu hin, daß alle meine Absichten,
Handlungen und Beschäftigungen rein im Dienst und in
der Verherrlichung Seiner Göttlichen Majestät geordnet
seien.

47   Die *erste Einstellung* ist die Zurichtung des Schau-platzes (composición viendo el lugar). Hier ist zu bemerken, daß bei der Betrachtung oder bei der Besinnung über einen sichtbaren Gegenstand, wie etwa beim Anschauen Christi Unseres Herrn, welcher anschaubar ist, die Zurichtung darin bestehen wird, mit der Schau der Einbildung den leiblichen Ort zu sehen, an dem sich die zu betrachtende Sache befindet. Leiblichen Ort nenne ich zum Beispiel einen Tempel oder einen Berg, auf dem Jesus Christus oder Unsere Herrin sich befinden, je nachdem, was ich betrachten will.

Betrachtet man über Unanschauliches, wie hier über die Sünden, so besteht die Zurichtung darin, mit der Schau der Einbildung zu sehen und zu betrachten, wie meine Seele eingekerkert ist in diesem verweslichen Leibe, und der ganze Mensch in diesem Erdental wie verbannt unter unvernünftige Tiere, ich meine den ganzen Menschen, wie er zusammengesetzt ist aus Seele und Leib.

48   Die *zweite* ist: Erbitten von Gott Unserm Herrn, was ich begehre und ersehne. Die Bitte hat sich nach dem vorliegenden Stoff zu richten. Handelt also die Betrachtung von der Auferstehung, ist Freude mit dem sich freuenden Christus zu erbitten; handelt sie vom Leiden, ist Leiden, Tränen und Folter mit dem gequälten Christus zu erbitten. In der vorliegenden Betrachtung wird Beschämung und Verwirrung über mich selbst zu erbitten sein, angesichts dessen, wie viele um einer einzigen Todsünde willen verdammt sind, und wie oft ich es verdient hätte, für immer verdammt zu werden ob meiner so vielen Sünden.

49   Bemerkung. Vor allen Betrachtungen ist stets das Vorbereitungsgebet zu verrichten, das nie geändert wird, und die erwähnten beiden Einstellungen, die sich zuweilen nach dem vorliegenden Stoff abwandeln.

DER ERSTE PUNKT wird sein: Das Gedächtnis auf die erste 50
Sünde hinwenden, die die *Sünde der Engel* war; dann auf
das Gleiche die Einsicht durch Nachdenken, schließlich
den Willen, indem ich willentlich das Ganze zu erinnern
und einzusehen suche, um durch den Vergleich der einen
Engelssünde mit meinen so vielen Sünden mich je mehr in
Scham zu senken und zu verwirren: wenn nämlich jene für
eine Sünde in die Hölle kamen, wie oft hätte ich sie verdient für so viele. Ich soll mir also die Sünde der Engel ins
Gedächtnis rufen: wie sie in der Gnade geschaffen wurden,
aber sich ihrer Freiheit nicht bedienen wollten, um ihrem
Schöpfer und Herrn Ehrfurcht und Gehorsam zu erweisen,
sondern in Hochmut gerieten, aus der Gnade in Bosheit
sich verwandelten und vom Himmel in die Hölle geschleu-
dert wurden. Entsprechend dasselbe je mehr im einzelnen
mit der Einsicht überdenken und dementsprechend die
Affekte je mehr mit dem Willen bewegen.

DER ZWEITE: Dasselbe nochmals tun, nämlich die drei Fä- 51
higkeiten auf die Sünde *Adams und Evas* hinwenden, sich
ins Gedächtnis rufend, wie wegen dieser Sünde sie so lange Zeit büßen mußten und so großes Verderben in das
Menschengeschlecht kam, da solche Mengen sich auf die
Hölle zu bewegen. Sich also die zweite Sünde, die unserer
Stammeltern, ins Gedächtnis rufen, wie nämlich, nachdem
Adam auf dem Damaszenerfeld geschaffen und ins irdische
Paradies gesetzt und Eva aus seiner Rippe erschaffen worden war, und sie das Verbot erhalten hatten, vom Baum
der Erkenntnis zu essen, sie dennoch davon aßen, worauf
sie, in Fellgewande gekleidet und aus dem Paradies ge-
worfen, ohne die Urstandsgerechtigkeit, die sie verloren
hatten, ihr ganzes Leben in vieler Mühsal und vieler Buße
verlebten. Entsprechend mit der Einsicht je mehr ins ein-
zelne gehen und den Willen in der schon gesagten Weise
anwenden.

52 DER DRITTE: Noch einmal dasselbe tun, anläßlich der dritten besonderen Sünde des *jeweils Einzelnen,* der wegen einer Todsünde in die Hölle kam, und unzähliger anderer, die auf Grund geringerer Sünden, als ich sie beging [verdammt wurden]. Also dasselbe tun anläßlich der dritten, besonderen Sünde: sich ins Gedächtnis rufen die Schwere und Bosheit der Sünde gegen seinen Schöpfer und Herrn, mit dem Verstand überlegen, wie im Sündigen und Angehen gegen die unendliche Güte [der Sünder] für immer verdammt wurde, und auf die besagte Weise mit dem Willen schließen.

53 Christus Unseren Herrn sich gegenwärtig und am Kreuz hängend vorstellen und *ein Gespräch* halten: wie Er denn als Schöpfer dazu kam, Sich zum Menschen zu machen und vom ewigen Leben zum zeitlichen Tod [niederzusteigen] und so für meine Sünden zu sterben. Dann den Blick auf mich selber richten und betrachten, was ich für Christus getan habe, was ich für Christus tue, was ich für Christus tun soll. Und angesichts des so Zugerichteten und so ans Kreuz Gehefteten durchgehen, was sich dargeboten hat.

54 Das Gespräch wird mit richtigen Worten gehalten, so wie ein Freund mit seinem Freunde spricht oder ein Knecht zu seinem Herrn, bald um eine Gnade bittend, bald sich wegen eines begangenen Fehlers anklagend, bald seine Anliegen mitteilend und dafür Rat erbittend. Und ein Vater Unser beten.

55   DIE ZWEITE ÜBUNG
          ist eine Besinnung über *die Sünden.*
    Sie enthält nach einem Vorbereitungsgebet und zwei
       Einstellungen fünf Punkte und ein Gespräch.

Das Vorbereitungsgebet ist dasselbe.
Die erste Einstellung ist die gleiche Zurichtung.
Die zweite ist: Bitten um was ich begehre; hier um einen großen und durchdringenden Schmerz und um Tränen über meine Sünden.

DER ERSTE PUNKT ist die *Aufreihung* der Sünden. Sich also 56
ins Gedächtnis rufen alle Sünden meines Lebens, Jahr um
Jahr und Zeit um Zeit überblickend. Hierzu ist dreierlei
behilflich: erstlich, den Ort und das Haus zu betrachten,
wo ich gewohnt habe; zweitens den Umgang, den ich mit
andern gepflogen habe; drittens das Amt, in welchem ich
gelebt habe.

DER ZWEITE: Die Sünden *wägen*, durch Betrachtung der 57
Abscheulichkeit und Bosheit, die jede begangene Todsünde
in sich enthält, ganz abgesehen davon, daß sie verboten ist.

DER DRITTE: Erwägen, wer ich bin, indem ich mich mit 58
Hilfe von Vergleichen *immer geringer* mache. Erstens: was
ich schon bin im Vergleich zur Gesamtheit der Menschen.
Zweitens: was für eine Bedeutung die Menschen schon
haben verglichen mit den Engeln und den Heiligen des
Paradieses. Drittens: erwägen, was für eine Bedeutung die
ganze Schöpfung schon hat verglichen mit Gott. Was kann
ich allein dann noch sein? Viertens: meine ganze Zerset-
zung und Fäulnis dem Leib nach betrachten. Fünftens:
mich ansehen als eine eiternde Wunde und ein Geschwür,
aus dem so viele Sünden und Bosheiten entquollen sind
und ein so überaus schandbares Gift.

DER VIERTE: Sich besinnen, wer Gott ist, gegen den ich 59
gesündigt habe, nach seinen Eigenschaften und durch Vergleichen mit ihrem *Gegenteil* in mir: Seine Weisheit mit
meiner Ignoranz, seine Allmacht mit meiner Zerfallenheit,
Seine Gerechtigkeit mit meiner Ungerechtigkeit, Seine
Güte mit meiner Boshaftigkeit.

DER FÜNFTE: Staunender *Ausruf* mit steigernder Erregung. 60
Alle Geschöpfe durchgehen, wie sie mich am Leben gelassen
und in ihm erhalten haben: die Engel, wie sie, als Schwert der
göttlichen Gerechtigkeit, mich dennoch ertragen und behütet
und für mich gebetet haben, die Heiligen, wie sie bedacht

waren, für mich einzutreten und Fürbitte zu leisten, der Himmel, die Sonne, der Mond, die Sterne, die Früchte, Vögel, Fische und andern Tiere, [wie sie mir dienten], und die Erde, wie sie sich nicht auftat, mich zu verschlingen, indem sie neue Höllen schuf, um mich für immer darin zu peinigen.

61 Schließen mit einem *Gespräch der Barmherzigkeit.* Überlegen und Danksagen Unserem Herrn, daß Er mir bis jetzt das Leben geschenkt hat, und sich Besserung für die Zukunft vornehmen mit Seiner Gnade. Vater Unser.

62 DIE DRITTE ÜBUNG

ist eine *Wiederholung* der ersten und zweiten Übung,
wobei drei Gespräche gehalten werden.

Nach dem Vorbereitungsgebet und den zwei Einstellungen ist die erste und zweite Übung zu wiederholen; jene Punkte anmerkend und bei ihnen verweilend, bei welchen ich größere Tröstung oder Trostlosigkeit spürte oder größeres Fühlen im [Heiligen] Geiste. Dann werde ich drei Gespräche in folgender Weise halten:

63 DAS ERSTE GESPRÄCH: zu Unserer Herrin, daß sie mir von ihrem Sohn und Herrn die Gnade erlange zu drei Dingen hin: erstens, daß ich eine innere Durchdrungenheit von meiner Sünde und einen Abscheu davor in mir spüre. Zweitens, daß ich die Unordnung meiner Handlungen fühle, damit ich dieselbe verabscheuend mich bessere und mich ordne. Drittens bitten um Erkenntnis der Welt, damit ich mit Abscheu die weltlichen und eitlen Dinge von mir entferne. Hierauf ein Ave Maria.

DAS ZWEITE: auf gleiche Weise zum Sohne, damit Er es mir vom Vater erwirke. Hierauf ein Anima Christi.

DAS DRITTE: auf gleiche Weise zum Vater, damit Er selbst, der Ewige Herr, es mir gewähre. Hierauf ein Vater Unser.

ist die [verdichtende] Wiederholung der dritten.

Ich sage [verdichtende] *Wiederholung,* weil die Einsicht [diesmal] ohne Zerstreuung mit aufmerksamer Hingebung jene Dinge überdenken und sich erinnernd einprägen soll, die sie in den vorigen Übungen betrachtet hat, wobei dieselben drei Aussprachen gehalten werden.

DIE FÜNFTE ÜBUNG 65

ist die Besinnung über die *Hölle.*
Sie enthält nach Vorbereitungsgebet und den Einstellungen
fünf Punkte und ein Gespräch.

Das Vorbereitungsgebet ist das gewohnte.
Die erste Einstellung: Zurichtung. Hier mit der Schau der Einbildung die Länge, Weite und Tiefe der Hölle sehen.
Die zweite: bitten um was ich begehre. Hier das innere Fühlen der Strafe erbitten, die die Verdammten erleiden, zu dem Zweck, daß wenn ich wegen meiner Fehler die Liebe des Ewigen Herrn vergäße, mir wenigstens die Furcht vor der Strafe dazu verhelfe, nicht in die Sünde zu fallen.

DER ERSTE PUNKT wird sein: Sehen mit der Schau der Ein- 66 bildung die großen Flammen, und die Seelen wie in brennenden Leibern.

DER ZWEITE: Hören mit den Ohren Weinen, Wehklagen, 67 Geheul, Geschrei, Lästerungen gegen Christus Unseren Herrn und gegen alle Seine Heiligen.

DER DRITTE: Riechen mit dem Geruch Rauch, Schwefel 68 und Faulendes.

DER VIERTE: Schmecken mit dem Geschmack bittere Din- 69 ge wie Tränen, Trübsal und den Wurm des Gewissens.

70 DER FÜNFTE: Tasten mit dem Getast, wie die Feuergluten die Seelen erfassen und entzünden.

71 Im *Gespräch* zu Christus Unserem Herrn sich der Seelen erinnern, die in der Hölle sind, die einen, weil sie nicht an seine Ankunft glaubten, die andern, weil sie trotz ihres Glaubens nicht seinen Geboten gemäß handelten, drei Gruppen unterscheidend: die erste vor Seiner Ankunft, die zweite während Seines Lebens, die dritte nach Seinem Leben auf dieser Welt. Dabei Dank sagen, daß Er mich nicht durch Abbruch meines Lebens in eine von diesen Gruppen fallen ließ. Und ebenso, daß Er mir bisher ständig so große Pietät und Barmherzigkeit zugewendet hat. Zum Schluß ein Vater Unser.

72 Die erste Übung soll um Mitternacht stattfinden, die zweite beim Aufstehen in der Frühe, die dritte vor oder nach der Messe, jedenfalls vor dem Mittagessen, die vierte zur Stunde der Vesper, die fünfte eine Stunde vor dem Abendessen. Diese Verteilung der Stunden möchte ich während der ganzen vier Wochen mehr oder weniger eingehalten wissen, je nachdem Alter, Verfassung und Anlage der Person, die sich übt, es erlauben, die fünf Übungen oder deren weniger durchzuführen.

73   ZUSÄTZE

um die Übungen jeweils besser zu machen und um jeweils besser das zu finden, was man sucht.

DER ERSTE ZUSATZ ist: Nach dem Zu-Bett-Gehen, da ich einschlafen möchte, während der Dauer eines Ave Maria überlegen, wann und zu welchem Zweck ich aufzustehen gedenke, und dabei die Übung, die ich zu halten habe, kurz durchgehen.

74 DER ZWEITE: Beim Erwachen nicht diesen oder jenen Gedanken Raum geben, sondern sich sogleich dem zuwenden,

was ich in der ersten Übung um Mitternacht betrachten werde, indem ich mich in die Beschämung über meine so zahlreichen Sünden hineinziehe und mir dazu verschiedene Beispiele vorhalte, wie etwa ein Edelmann sich im Angesicht seines Königs und dessen gesamten Hofes befände, schamübergossen und verwirrt, weil er den, von dem er früher viele Gaben und Gunsterweise empfangen hatte, tief beleidigt hat. Entsprechend bei der zweiten Übung: mich als einen gefesselten großen Verbrecher betrachten: als ginge ich in Ketten einher, um vor dem Angesicht des höchsten Ewigen Richters zu erscheinen, und mir als Beispiel vorstellen, wie die Eingekerkerten und Eingeketteten und schon Todeswürdigen vor ihrem irdischen Richter erscheinen. Unter solchen und anderen dem Gegenstand entsprechenden Gedanken kleide ich mich an.

DER DRITTE: Einen Schritt oder zwei vor dem Ort, an dem 75 ich die Betrachtung oder Besinnung zu halten beabsichtige, werde ich mich auf die Zeit eines Vater Unser hinstellen und, den Geist nach oben gerichtet, erwägen, wie Gott Unser Herr mich anschaut usf., und mich innerlich vor Ihm verneigen oder demütigen.

DER VIERTE: Die Betrachtung selbst auf den Knien begin- 76 nen oder hingestreckt auf die Erde oder liegend mit dem Blick nach oben, oder sitzend oder stehend, immer von der Absicht geleitet, das zu suchen, was ich begehre. Dabei werden wir auf zweierlei achten: erstens: finde ich kniend, was ich begehre, so gehe ich nicht weiter, ebenso wenn zu Boden gestreckt usf.

Zweitens: bei jenem Punkt, bei dem ich finde, was ich begehre, werde ich, ohne ängstliche Sorge weitergehen zu müssen, ruhig verweilen, bis ich mir genuggetan habe.

DER FÜNFTE: Nach Abschluß der Übung werde ich während 77 einer Viertelstunde, sei es sitzend, sei es auf-und-abgehend, nachsehen, wie es mir in der Betrachtung oder Besinnung ergangen ist; wenn schlecht, so werde ich nach der Ursache sehen, aus der es kam, und habe ich sie gefunden, bereuen, um mich künftig zu bessern; wenn gut, Gott Unserem Herrn Dank sagen und es ein andermal ebenso machen.

78 DER SECHSTE: Nicht an Dinge denken wollen, die Freude und Fröhlichkeit erregen, wie an den Himmel, die Auferstehung usf.; denn um Pein, Schmerz und Tränen um unserer Sünden willen zu spüren, ist jeder Gedanke an Wonniges und Frohes hinderlich. Vielmehr sich vor Augen halten, daß man in Schmerz sein und Pein fühlen will, und entsprechend mehr den Tod und das Gericht sich ins Gedächtnis rufen.

79 DER SIEBTE: Mich aller Helligkeit berauben, indem ich, solange ich mich im Zimmer aufhalte, Fenster und Türen schließe, außer um das Officium zu beten, um zu lesen oder zu essen.

80 DER ACHTE: Nicht lachen und nichts sagen, was zum Lachen reizt.

81 DER NEUNTE: Die Augen zügeln [um niemanden anzublikken], außer beim Empfang und beim Abschied der Person, mit der ich zu sprechen habe.

82 DER ZEHNTE ZUSATZ ist die *Buße*, die in eine innere und in eine äußere sich einteilt. Die innere besteht darin, Schmerz zu tragen über seine Sünden, mit dem festen Vorsatz, dieselben oder andere nicht wieder zu begehen. Die äußere, die eine Frucht der vorigen ist, ist Züchtigung für die begangenen Sünden und wird vorzüglich auf drei Weisen geübt:

83   Die erste betrifft die Nahrung. Wenn wir hier das Überflüssige lassen, so ist das noch keine Buße, sondern Mäßigkeit. Buße ist es, wenn wir vom Zukommenden lassen, und je mehr und mehr, desto größer und besser ist es, sofern

34

nur dabei das Subjekt nicht verdorben wird, noch merkliche Schwäche sich zeigt.

Die zweite betrifft die Weise des Schlafens. Auch hier 84 ist es keine Buße, das Überflüssige an Weichlichem und Verzärtelndem zu lassen. Buße ist es vielmehr, wenn man bezüglich der Art des Schlafens vom Zukömmlichen läßt, und je mehr und mehr, desto besser, sofern dabei nur das Subjekt nicht verdorben wird, noch merkliche Schwäche sich zeigt. Auch lasse man nicht ab vom zukömmlichen Maß des Schlafes, wenn man nicht gerade die fehlerhafte Gewohnheit hat, zuviel zu schlafen, um so zum rechten Mittelmaß zu gelangen.

Die dritte ist Züchtigung des Fleisches, indem man ihm 85 spürbare Schmerzen zufügt, durch Tragen von Bußhemden oder Stricken oder eisernen Gürteln über dem Fleisch, durch Geißeln, Sich-verwunden oder andere Arten von Strengheiten.

Es scheint aber jeweils gelegener und sicherer in der 86 Buße zu sein, daß der Schmerz im Fleisch fühlbar sei und nicht innen in das Gebein eindringe, derart, daß Schmerz entsteht, aber keine Schwäche. Darum scheint es jeweils passender zu sein, sich mit dünnen Stricken zu geißeln, die äußern Schmerz bereiten, als auf eine andere Weise, die innen eine erhebliche Schwäche verursachen würde.

ERSTE BEMERKUNG: Die äußeren Bußübungen werden 87 hauptsächlich für drei Wirkungen verrichtet. Erstens zur Genugtuung für die begangenen Sünden; zweitens um sich selbst zu überwinden, damit die Sinnlichkeit der Vernunft gehorche und alle unteren Teile jeweils mehr den höheren unterworfen seien; drittens um eine Gnade oder Gabe, die man begehrt und ersehnt, zu suchen und zu finden, wie etwa, wenn man innere Zerknirschung über seine Sünden begehrt, oder reiche Tränen über sie oder über die Peinen und Schmerzen, die Christus Unser Herr in Seiner Passion erlitt, oder um die Lösung irgendeines Zweifels, in dem man sich befindet, zu erlangen.

88 DIE ZWEITE: Es ist zu beachten, daß der erste und zweite Zusatz bei den Übungen um Mitternacht und am Morgen anzuwenden sind, und nicht bei denen zu andern Tageszeiten. Der vierte Zusatz wird nie in der Kirche in Gegenwart anderer Anwendung finden, sondern im Verborgenen, wie zu Hause usf.

89 DIE DRITTE: Wenn die Person, die sich übt, noch nicht findet, was sie begehrt, wie Tränen, Tröstungen usf., ist es häufig von Nutzen, im Essen, im Schlaf und in den andern Formen der Buße eine Änderung vorzunehmen, in der Weise, daß wir abwechselnd zwei oder drei Tage Buße tun, und zwei oder drei weitere nicht; weil es nämlich einigen zukommt, mehr Buße zu tun, und anderen weniger, und auch weil wir es häufig unterlassen, Buße zu tun aus sinnlicher [Eigen-] liebe oder aus der irrigen Ansicht, daß das menschliche Subjekt sie ohne merkliche Schwäche nicht werde ertragen können. Und zu den anderen Malen tun wir sie im Gegenteil maßlos, in der Meinung, der Körper könne es aushalten. Und da Gott Unser Herr unsere Natur jeweils unendlich besser kennt, gibt Er häufig bei solchem Wechsel einem jeden das Gespür für das, was ihm entspricht.

90 DIE VIERTE: Die besondere Prüfung wird gemacht, um die Fehler und Nachlässigkeiten in der Verrichtung der Übungen zu lassen, ebenso in der zweiten, dritten und vierten Woche.

des irdischen Königs dient dazu,
das Leben des Ewigen Königs zu betrachten.

Das Vorbereitungsgebet ist das gewohnte.
Die erste Einstellung ist die Zurichtung des Schauplatzes.
Hier mit den inneren Augen schauen die Synagogen, Städte und Burgen, durch welche Christus Unser Herr predigend hindurchzog.

Die zweite: Die Gnade erbitten, die ich begehre. Hier wird es sein, Unsern Herrn um die Gnade bitten, daß ich nicht taub sei auf Seinen Ruf hin, sondern schnell und voll Bereitschaft (presto y diligente), zu erfüllen Seinen Heiligsten Willen.

DER ERSTE PUNKT ist: Sich einen menschlichen König vor Augen stellen, von Gott Unserm Herrn selber erwählt, dem alle Fürsten und alle Christenmenschen Ehrfurcht erweisen und gehorchen.

DER ZWEITE: Sehen, wie dieser König alle die Seinen an- 93 redet und spricht: Mein Wille ist es, das ganze Land der Ungläubigen mir zu unterwerfen (conquistar).

Deshalb: wer mit mir kommen will, hat mit der gleichen Speise zufrieden zu sein, wie ich sie habe, ebenso mit Trank und Kleidung usf. Gleichfalls hat er wie ich bei Tag sich anzustrengen und bei Nacht zu wachen usf., damit er nachher mit mir zusammen am Siege Anteil habe, wie er teilhatte an den Mühen.

DER DRITTE: Erwägen, was die guten Untertanen einem 94 so freigebigen und menschenfreundlichen König antwor-

ten müssen, und folgerichtig, wie sehr einer, der den An-
trag eines solchen Königs nicht annähme, wert wäre, vor
der ganzen Welt gerügt und für einen entarteten Ritter
(perverso caballero) angesehen zu werden.

[ZWEITER TEIL]

95 Der zweite Teil dieser Übung besteht in der Anwendung des
erwähnten Beispiels vom irdischen König auf Christus Unseren Herrn, entsprechend den drei angeführten Punkten.

Und zum ERSTEN PUNKT: Wenn wir schon einen solchen
Ruf des irdischen Königs an seine Untertanen in Erwägung
ziehen, um wieviel mehr ist es dann der Erwägung würdig,
Christus Unseren Herrn, den Ewigen König, zu sehen, und
vor Ihm die gesamte und vollständige Welt, an die Er als
ganze und an den je Einzelnen im besonderen Seinen Ruf
ergehen läßt und spricht: Mein Wille ist es, die gesamte
Welt und sämtliche Feinde zu unterwerfen, und so in die
Glorie meines Vaters einzugehen. Wer deshalb mit mir
kommen will, hat sich anzustrengen mit mir, damit er, wie
er mir in der Mühsal folgte, so auch mir in der Glorie folge.

96 ZUM ZWEITEN: Erwägen, daß alle, die Urteil und Vernunft
haben, ihre ganze Person für jene Mühen anbieten werden.

97 ZUM DRITTEN: Jene, die sich mehr ergreifen lassen (affec-
tar) und auszeichnen wollen (señalar) in ungeteiltem Dienst
ihres Ewigen Königs und Uneingeschränkten Herrn, werden nicht nur ihre Person zu den Mühen anbieten, sondern
angehen gegen ihre eigene Sinnlichkeit und ihre Liebe zu
Fleisch und Welt, und Angebote von jeweils größerem Wert
und größerer Bedeutung darbringen, indem sie sprechen:

98   Ewiger Herr aller Dinge, ich bringe Dir mein Angebot
dar mit Deiner Gunst und Hilfe, angesichts Deiner unendlichen Güte und in Gegenwart Deiner glorreichen Mutter
und aller heiligen Männer und Frauen des himmlischen
Hofes: daß ich wünsche und ersehne, und daß es mein

überlegter Entschluß ist, wofern es nur zu Deinem größe-
ren Dienst und Lobpreis gereicht, Dir nachzustreben im
Ausstehen alles Unrechts und aller Schmach und aller Ar-
mut, der äußeren wie der geistigen, sofern Deine Heiligste
Majestät mich erwählen und aufnehmen will zu solchem
Leben und Stand.

Diese Übung findet zweimal am selben Tage statt: morgens   99
nach dem Aufstehen und eine Stunde vor dem Mittag- oder
Abendessen.

Für die zweite Woche und die folgenden ist es sehr nütz-   100
lich, zuweilen in den Büchern der Nachfolge Christi oder
in den Evangelien und den Leben der Heiligen zu lesen.

ERSTER TAG   101

ERSTE BETRACHTUNG:

VON DER MENSCHWERDUNG

Sie enthält das Vorbereitungsgebet, drei Einstellungen,
drei Punkte und eine Aussprache.

Das Vorbereitungsgebet wie gewohnt.
Die *erste Einstellung* ist, den Vorgang vergegenwärtigen,   102
den ich betrachten soll. Hier, wie die drei Göttlichen Personen die ganze Fläche oder das gesamte Erdenrund voll von
Menschen überschauten und, sehend wie alle zur Hölle
abstiegen, in ihrer Ewigkeit beschlossen, daß die zweite
Person sich zum Menschen mache, um das Menschengeschlecht zu retten, und, als die Fülle der Zeit gekommen
war, den Engel Gabriel zu Unserer Herrin sandten (vgl.
unten Nr. 262).
Die *zweite:* Zurichtung des Schauplatzes. Hier schauen die   103
gesamte Weite des Erdenrundes, auf dem so viele und so
verschiedenartige Völker wohnen; und nachher im beson-
dern das Haus und die Zimmer Unserer Herrin in der Stadt
Nazareth in der Provinz Galiläa.

104 Die *dritte:* Bitten um was ich begehre: hier bitten um die innere Erkenntnis des Herrn, der für mich Sich zum Menschen gemacht hat, dazu hin, daß ich jeweils mehr Ihn liebe und Ihm nachfolge.

105 Es ist hier der Ort, anzumerken, daß das gleiche Vorbereitungsgebet, wie es von Anfang an gebetet wurde, ohne Veränderung, und die gleichen drei Einstellungen auch in dieser und den folgenden Wochen vorzunehmen sind, [letztere jedoch] mit den Abwandlungen, wie der vorliegende Stoff sie bedingt.

106 DER ERSTE PUNKT ist: *Sehen* die Personen, die einen und die andern. Und zuerst die über dem Erdkreis, in so großer Verschiedenheit der Tracht wie des Benehmens, die einen weiß und die andern schwarz, die einen im Frieden und die andern im Krieg, die einen weinend und die andern lachend, die einen gesund und die andern krank, die einen geborenwerdend, die andern sterbend usf.

Zweitens: Sehen und erwägen die drei Personen wie auf Ihrem Königsstuhl oder Thron Seiner Göttlichen Majestät, wie Sie das ganze Erdenrund überblicken und alle Völker in so großer Blindheit dahinleben und sterben und zur Hölle fahren sehen.

Drittens: Sehen Unsere Herrin und den Engel, der sie grüßt; und sich besinnen, um aus solchem Anblick einen Nutzen zu ziehen.

107 DER ZWEITE: *Hören,* was die Personen über dem Antlitz der Erde hin sprechen; wie sie sich miteinander unterhalten, wie sie schwören und lästern usf. In gleicher Weise, was die göttlichen Personen sagen, nämlich: «Laßt uns die Erlösung des Menschengeschlechts wirken usf.» Weiter, was der Engel und Unsere Herrin reden. Dann sich darüber besinnen, um aus ihren Worten einen Nutzen zu ziehen.

DER DRITTE: Das Tun der Personen über dem Antlitz der 108
Erde betrachten; wie sie einander schlagen und töten, wie
sie zur Hölle fahren usf. In gleicher Weise, was die göttlichen Personen tun, nämlich die Heiligste Menschwerdung
wirken usf. Und ebenso was der Engel und Unsere Herrin
tun, wie nämlich der Engel sein Amt als Gesandter ausübt und Unsere Herrin sich demütigt und der Göttlichen
Majestät Dank sagt. Dann sich darüber besinnen, um aus
all dem einen Nutzen zu ziehen.

Zum Schluß eine *Aussprache* halten. Sich überlegen, was 109
ich den drei Göttlichen Personen sagen soll, oder dem
Ewigen Wort, das Fleisch geworden ist, oder Unserer
Mutter und Herrin. Gemäß dem, was jeder in sich verspürt, wird er bitten, um je bessere Nachfolge und Nach-
ahmung Unseres Herrn, der soeben Fleisch geworden ist,
und ein Vater Unser beten.

ZWEITE BETRACHTUNG: VON DER GEBURT   110

Das gewohnte Vorbereitungsgebet.

Die *erste Einstellung* ist der geschichtliche Vorgang. Hier 111
wie Unsere Herrin, etwa im neunten Monat ihrer Erwar-
tung, nach frommer Betrachtungsweise auf einer Eselin
sitzend, mit Josef und einer Magd, ein Rind mit sich füh-
rend, von Nazareth fortzieht, um nach Bethlehem zu gehen
und den Tribut zu entrichten, den der Kaiser allen jenen
Ländern auferlegt hatte (Vgl. Nr. 264).

Die *zweite:* Zurichtung des Schauplatzes. Hier mit den 112
innern Augen die Straße von Nazareth nach Bethlehem
sehen, ermessend ihre Länge und Breite, und ob der Weg
eben ist oder durch Täler und über Hügel führt. Ebenso die
Stätte oder Höhle der Geburt betrachten, wie geräumig,
wie eng, wie niedrig, wie hoch sie ist, und wie ihre Ausstat-
tung war.

Die *dritte* ist unverändert und wird verrichtet wie bei der 113
vorhergehenden Betrachtung.

114 DER ERSTE PUNKT ist: *Sehen* die Personen, sehen also Unsere Herrin und Josef und die Magd und das Jesuskind, nachdem es geboren ist. Ich mache mich, als ob ich dabei gegenwärtig wäre, zu einem armseligen wertlosen Dienerlein, das sie anstaunt und betrachtet und in ihren Nöten bedient, mit der größtmöglichen Ergebenheit und Ehrfurcht. Dann mich in mir selbst besinnen, um einigen Nutzen zu ziehen.

115 DER ZWEITE: Betrachten und erwägen, was sie *reden,* und mich in mir selbst besinnend einigen Nutzen gewinnen.

116 DER DRITTE: Schauen und erwägen, was sie *tun,* etwa wie sie reisen, wie sie sich anstrengen, dazu hin, daß der Herr in der größten Armut geboren werde, und am Ende von soviel Mühen, von Hunger und Durst, von Hitze und Kälte, von Schmähungen und Anwürfen am Kreuze sterbe, und alles das für mich. Dann mich besinnend einigen Nutzen im Geiste gewinnen.

117 Schließen mit einer *Aussprache,* wie in der vorhergehenden Betrachtung, und mit einem Vater Unser.

118   DIE DRITTE BETRACHTUNG

wird die *Wiederholung* der ersten und zweiten Übung sein.

Nach dem Vorbereitungsgebet und den drei Einstellungen findet eine Wiederholung der ersten und zweiten Übung statt, wobei stets einige jeweils wichtigere Punkte beachtet werden, bei denen man eine bestimmte Einsicht, Tröstung oder Trostlosigkeit gespürt hat. Am Ende wird gleicherweise ein Gespräch gehalten und ein Vater Unser gesagt.

119 Bei dieser Wiederholung und jeder folgenden wird die gleiche Ordnung des Vorgehens eingehalten wie bei den Wiederholungen der ersten Woche, so daß der Stoff gewandelt, die Form aber beibehalten wird.

wird die *Wiederholung* der ersten und zweiten sein, in
der gleichen Weise, wie die vorige Wiederholung gehalten
wurde.

DIE FÜNFTE BETRACHTUNG 121

wird die *Anwendung der fünf Sinne* auf die erste und
die zweite Betrachtung sein.

Nach dem Vorbereitungsgebet und den drei Einstellungen
ist es von Nutzen, die fünf Sinne der Einbildung auf die erste
und zweite Betrachtung anzuwenden, auf folgende Weise:

DER ERSTE PUNKT ist: *Schauen* die Personen mit den inne- 122
ren Augen, in Besinnung und Betrachtung (meditando y
contemplando) ihrer besonderen Umstände, und aus der
Sicht einigen Nutzen ziehen.

DER ZWEITE: *Hören* mit dem Gehör, was sie reden oder 123
reden können, und sich zurückbesinnend in sich selbst
daraus einigen Nutzen ziehen.

DER DRITTE: *Riechen* und schmecken mit dem Geruch und 124
dem Geschmack den unendlichen Duft und die unendliche
Süßigkeit der Gottheit, der Seele und ihrer Tugenden und
des Ganzen, entsprechend der Person, die man betrachtet
hat, sich zurückbesinnend auf sich selbst und daraus
Nutzen ziehend.

DER VIERTE: *Tasten* mit dem Getast, wie etwa umfangen 125
und küssen die Orte, welche die Personen betreten oder
wo sie sich niederlassen, immer besorgend, daraus Nutzen
zu ziehen.

Die Übung ist mit einer *Aussprache* zu beenden wie die 126
erste und zweite Betrachtung, und mit einem Vater Unser.

127 DIE ERSTE BEMERKUNG: Für diese ganze Woche und für die folgenden ist zu beachten, daß ich nur jenes Geheimnis lesen soll, dessen Betrachtung ich unmittelbar vorzunehmen habe, dergestalt, daß ich für jetzt kein Geheimnis lese, mit dem ich mich an dem bestimmten Tag oder zur bestimmten Stunde nicht abzugeben habe, damit die Beschäftigung mit dem einen Geheimnis nicht die Beschäftigung mit dem andern störe.

128 DIE ZWEITE: Die erste Übung von der Menschwerdung findet um Mitternacht statt, die zweite in der Morgenfrühe, die dritte zur Stunde der Messe, die vierte zur Zeit der Vesper und die fünfte eine Stunde vor dem Abendessen, und zwar so, daß man während der Dauer einer Stunde in jeder der fünf Übungen verweilt. Die nämliche Ordnung wird in allem Folgenden eingehalten werden.

129 DIE DRITTE: Wenn die Person, die die Übung macht, alt oder schwach ist, oder wiewohl bei guter Gesundheit, von der ersten Woche her etwas ermüdet ist, so ist zu beachten, daß es besser ist, in dieser zweiten Woche wenigstens einige Male nicht um Mitternacht aufzustehen, sondern eine Betrachtung in der Frühe zu halten, eine andere zur Zeit der Messe, eine weitere vor dem Mittagessen, sodann zur Zeit der Vesper eine Wiederholung über die vorigen, und schließlich die Anwendung der Sinne vor dem Abendessen.

130 DIE VIERTE: Während dieser zweiten Woche müssen von den zehn Zusätzen, die in der ersten Woche angeführt wurden, der zweite, sechste, siebte und zum Teil der zehnte abgewandelt werden.

Im zweiten wird es heißen: Sobald ich erwache, mir die Betrachtung, die ich zu halten habe, vor Augen stellen, mit der Sehnsucht, je mehr das menschgewordene Ewige Wort kennenzulernen, um Ihm je besser zu dienen und nach-zu-folgen.

Der sechste wird sein: Häufig das Leben und die Geheimnisse Christi Unseres Herrn ins Gedächtnis ziehen, angefangen von Seiner Menschwerdung bis zu dem Abschnitt oder Geheimnis, bei dessen Betrachtung ich eben stehe.

Der siebte wird sein: Der sich übt, soll Sorge tragen, es mit Dunkelheit und Helle so zu halten und vom guten und schlechten Wetter soweit Gebrauch zu machen, als es ihm nützlich und behilflich sein kann, das zu finden, was er begehrt.

Im zehnten Zusatz soll der, der sich übt, den Geheimnissen entsprechend sich verhalten, die er betrachtet; denn einige davon verlangen die Verrichtung von Buße, andere nicht. Auf diese Weise sollen alle zehn Zusätze mit großer Sorgfalt beobachtet werden.

DIE FÜNFTE: Bei allen Übungen, ausgenommen die um 131 Mitternacht und die am frühen Morgen, wird der zweite Zusatz durch einen gleichwertigen ersetzt, auf die folgende Weise: Sobald ich mich erinnere, daß die Stunde der vorgeschriebenen Übung gekommen ist, stelle ich mir, ehe ich dazu hintrete, vor Augen, wohin und vor wessen Angesicht ich mich begebe, und fasse ein wenig die vorzunehmende Übung zusammen. Dann gehe ich zum dritten Zusatz über und trete in die Betrachtung ein.

ZWEITER TAG

Als erste und zweite Betrachtung ist die *Darstellung im* 132 *Tempel* (Nr. 268) und die *Flucht nach Ägypten* als in die Verbannung (Nr. 269) zu nehmen. Über diese zwei Betrachtungen werden zwei Wiederholungen gemacht und ebenso eine Anwendung der fünf Sinne, in der gleichen Weise wie am vorhergehenden Tag.

Zuweilen ist es zweckdienlich, selbst wenn der sich 133 Übende kraftvoll und wohlgestimmt ist, vom zweiten Tag bis zum vierten einschließlich etwas zu ändern, um jeweils besser das zu finden, was er begehrt: indem man nur eine Betrachtung in der Frühe, eine zweite zur Stunde der Messe hält, hierauf eine Wiederholung über beide zur Zeit der Vesper und eine Anwendung der Sinne vor dem Abendessen.

134   DRITTER TAG

Wie das Kind Jesus seinen Eltern in *Nazareth* untertan war (Nr. 271), und wie sie ihn darauf *im Tempel* fanden (Nr. 272). Entsprechend die beiden Wiederholungen, und die fünf Sinne anwenden.

135   EINLEITENDES ZUR ERWÄGUNG DER STÄNDE

Nachdem wir das Beispiel betrachtet haben, das Christus Unser Herr uns zum ersten Stand hin, der in der Befolgung der Gebote besteht, gegeben hat, indem Er Seinen Eltern untertan war, und gleicherweise zum zweiten Stand hin, der in der Vollkommenheit des Evangeliums besteht, da Er im Tempel zurückblieb und Seinen Nährvater und Seine natürliche Mutter verließ, um frei zu sein im reinen Dienst Seines Ewigen Vaters, beginnen wir nun, in Verbindung mit der Betrachtung Seines Lebens, forschend zu erspüren und bittend zu erfragen, in welchem Leben oder Stand Seine Göttliche Majestät Sich unser zu bedienen wünscht.

Wir werden deshalb, als eine gewisse Einführung hierzu, in der nächstfolgenden Übung die Sinnesrichtung Unseres Herrn betrachten und die entsprechend entgegengesetzte des Feindes der menschlichen Natur, und wie wir uns bereiten sollen (disponer), damit wir in jedem Stand oder Leben, das Gott Unser Herr uns schenkt, um es zu erwählen, zur Vollkommenheit gelangen können.

BESINNUNG ÜBER ZWEI BANNER

das eine Christi, des höchsten Befehlshabers und Unseres Herrn, das andere Luzifers, des Todfeindes unserer menschlichen Natur.

Das Vorbereitungsgebet ist das gewohnte.

Die *erste Einstellung* ist der Vorgang. Hier wird es sein, wie 137 Christus ruft und alle unter Sein Banner zu sammeln wünscht, Luzifer im Gegenteil unter das seine.

Die *zweite:* Zurichtung des Schauplatzes. Hier ein großes 138 Heerlager in der Gegend von Jerusalem sehen, wo der oberste Befehlshaber der Guten, Christus Unser Herr, weilt; ein anderes Heerlager in der Gegend von Babylon, wo der Häuptling der Feinde, Luzifer, sich befindet.

Die *dritte:* Bitten um was ich begehre. Hier bitten um die 139 Erkenntnis der Betrügereien des bösen Häuptlings, um Hilfe, mich davor zu bewahren, um Erkenntnis des wahren Lebens, das der höchste und wahrhaftige Befehlshaber zeigt, und um die Gnade, Ihm nachzufolgen.

[ERSTER TEIL]

DER ERSTE PUNKT ist: Sich vorstellen, wie sich der Anführer aller Feinde in jenem großen Heerlager von Babylon 140 hinsetzt auf einen großmächtigen Thron aus Feuer und Rauch, in einer Gestalt von Schauer und Schrecken.

DER ZWEITE: Erwägen, wie er unzählige Dämonen zusammenruft, und wie er sie ausstreut, die einen in diese, die andern in jene Stadt, und so über die ganze Welt hin, ohne irgendeinen Landstrich, einen Ort, eine Stadt oder irgendeinen einzelnen Menschen zu übergehen. 141

DER DRITTE: Erwägen die Rede, die er an sie richtet, und 142 wie er sie anspornt, Netze und Ketten auszuwerfen; und zwar sollen sie zuerst durch Begierde nach Reichtum in

Versuchung führen, wie er bei den meisten zu tun pflegt, damit sie desto leichter zu eitler Ehre der Welt und von da zu ausgewachsenem Hochmut gelangen.

Die erste Stufe soll also die Reichtümer sein, die zweite die Ehre, die dritte der Hochmut, und über diese drei Stufen führt er sie ein zu allen übrigen Lastern.

[ZWEITER TEIL]

143 Entsprechend als Gegensatz hat man sich vorzustellen den höchsten und wahren Befehlshaber, der da ist Christus Unser Herr.

144 DER ERSTE PUNKT ist: Erwägen, wie Christus Unser Herr Sich im großen Heerlager in der Gegend von Jerusalem niederläßt, an einem unscheinbaren Ort, schön und anmutig.

145 DER ZWEITE: Erwägen, wie der Herr der ganzen Welt so viele Personen, Apostel, Jünger usf. erwählt und sie in die ganze Welt sendet, damit sie Seine heilige Lehre durch alle Stände und alle Lebenslagen hindurch ausstreuen.

146 DER DRITTE: Erwägen die Rede, die Christus Unser Herr an alle Seine Diener und Freunde richtet, welche Er zu solcher Fahrt aussendet, wie Er ihnen empfiehlt, sie möchten allen zu helfen suchen, indem sie zuerst zu höchster Armut im Geiste hin bewegen und, wenn Seine Göttliche Majestät daran Gefallen fände und sie erwählen wollte, nicht minder zu äußerer Armut; zweitens zum Verlangen nach Schmähungen und Verachtetwerden, denn aus diesen beiden Dingen ergibt sich die Demut. So daß drei Stufen entstehen: die erste Armut gegen Reichtum, die zweite Schmähungen und Verachtetwerden gegen die weltliche Ehre, die dritte Demut gegen Hochmut, und über diese drei Stufen müssen sie einführen in alle andern Tugenden.

147 Ein *Gespräch* zu Unserer Herrin, daß sie mir von ihrem Sohn und Herrn die Gnade erlange, unter Sein Banner auf-

genommen zu werden, zuerst in der größten Armut im Geist, und falls Seine Göttliche Majestät daran Gefallen fände und mich erwählen und annehmen wollte, nicht minder zu äußerer Armut; zweitens im Erleiden von Schimpf und Unrecht, um Ihm darin jeweils mehr nachzufolgen, wofern ich das erdulden kann ohne irgend jemandes Sünde noch ein Mißfallen Seiner Göttlichen Majestät. Und damit verbunden ein Ave Maria.

Dasselbe nochmals vom Sohn erbitten, daß Er es mir vom Vater erlange, und damit verbunden ein Anima Christi beten. Dasselbe nochmals vom Vater erbitten, daß Er es mir gewähre, und ein Vater Unser beten.

Diese Übung findet um Mitternacht statt und dann ein zweites Mal am frühen Morgen. Über das gleiche werden zwei Wiederholungen gehalten zur Zeit der Messe und zur Zeit der Vesper. Den Schluß bilden jeweils die drei Gespräche zu Unserer Herrin, zum Sohn und zum Vater. Und vor dem Abendessen wird die folgende Besinnung über die drei Menschengruppen gehalten. 148

BESINNUNG ÜBER DREI MENSCHENGRUPPEN 149

> Sie wird am gleichen vierten Tag gehalten, dazu hin,
> das Je-Bessere zu umfangen.

Das gewohnte Vorbereitungsgebet.

Die *erste Einstellung* ist der Vorgang. Drei Gruppen von Menschen, und jede von ihnen hat zehntausend Dukaten erworben; aber nicht rein und wie sie gesollt hätte, aus Liebe zu Gott. Alle suchen ihr Heil und den Frieden in Gott Unserem Herrn zu finden, indem sie ablassen von der Last und dem Hemmschuh, der sie daran hindert und der in der Anhänglichkeit an das [rechtmäßig] erworbene Gut besteht. 150

Die *zweite* ist die Zurichtung des Schauplatzes. Hier mich selber sehen, wie ich angesichts Gottes Unseres Herrn und 151 aller Seiner Heiligen stehe, um das zu ersehnen und zu erkennen, was Seiner Göttlichen Güte jeweils willkommener ist.

152 Die *dritte:* Bitten um was ich begehre. Hier bitten um die Gnade, das erwählen zu können, was jeweils mehr dient zur Glorie Seiner Göttlichen Majestät und zum Heil meiner Seele.

153 DIE ERSTE GRUPPE möchte von der Anhänglichkeit an die erworbene Sache lassen, um dadurch in Frieden Gott Unseren Herrn zu finden und sich gerettet zu wissen. Aber sie wendet die Mittel dazu nicht an bis zur Stunde des Todes.

154 DIE ZWEITE will von der Anhänglichkeit lassen, aber sie will so davon lassen, daß sie im Besitz der erworbenen Sache bleibt, in der Weise, daß Gott dorthin kommen soll, wohin sie selbst will; und sie entscheidet sich nicht dazu, die Sache aufzugeben, um zu gehen, auch nicht, wenn dies der bessere Stand für sie wäre.

155 DIE DRITTE will von der Anhänglichkeit lassen, aber sie will so davon lassen, daß ebensowenig eine Neigung sie bestimmt, die erworbene Sache zu behalten als sie nicht zu behalten. Sie will sie vielmehr einzig wollen oder nicht wollen, je nachdem Gott Unser Herr es in ihren Willen legt und es dem Einzelnen besser erscheint zum Dienst und Lobpreis Seiner Göttlichen Majestät. Und inzwischen will sie ihre Sorgfalt daran wenden, alles der Neigung nach zu verlassen, indem sie ihre Kraft daran setzt, weder diese noch irgendeine andere Sache zu wollen, außer wenn einzig der Dienst Unseres Herrn sie bewegt, so daß die Sehnsucht, jeweils besser Gott Unserem Herrn dienen zu können, sie zur Annahme oder zum Lassen der Sache bestimmt.

156 Die drei nämlichen *Aussprachen* halten wie in der vorhergehenden Betrachtung (contemplación) über die zwei Banner.

Es ist anzumerken, daß, wenn wir eine Abneigung oder ein 157
Widerstreben gegen die äußere Armut verspüren, und wir
nicht gleichmütig sind gegenüber Armut oder Reichtum, es
zur Auslöschung einer solchen ungeordneten Neigung
sehr nützlich ist, in den Gesprächen zu bitten, auch wenn
es gegen das Fleisch wäre, der Herr möge einen zu äußerer
Armut erwählen, und [zu sagen], man wünsche es und
bitte darum und erflehe es, wofern es nur zum Dienst und
Lobpreis Seiner Göttlichen Güte gereiche.

FÜNFTER TAG 158

Betrachtung über den Weggang Christi Unseres Herrn *von
Nazareth zum Jordan*, und wie Er *getauft* wurde (Nr. 273).

Diese Betrachtung wird einmal um Mitternacht, ein 159
zweites Mal in der Frühe gehalten, dann folgen zwei Wiederholungen darüber zur Zeit der Messe und der Vesper,
und vor dem Abendessen die Anwendung auf sie der fünf
Sinne. Jeder dieser fünf Übungen wird das gewohnte Vorbereitungsgebet und die Einstellungen vorausgestellt, wie
dies alles bei der Betrachtung von der Menschwerdung und
von der Geburt erklärt worden ist; den Schluß bilden die
drei Aussprachen aus den drei Menschengruppen, bzw. aus
der dort beigefügten Bemerkung.

Die besondere Prüfung nach dem Mittag- und Abend- 160
essen wird gehalten über die Fehler und Nachlässigkeiten
bei den Übungen und Zusätzen des gegenwärtigen Tages,
ebenso an den folgenden Tagen.

[SECHSTER BIS ZWÖLFTER TAG] 161

AM SECHSTEN TAG: Betrachtung wie Christus Unser Herr
vom Jordan in die *Wüste* ging, einschließlich [der Versu-
chung]. In allem wird die gleiche Ordnung wie am fünften
Tag eingehalten (Nr. 274).

AM SIEBTEN: Wie Sankt Andreas und andere Christus
Unserem Herrn *nachfolgen* (Nr. 275).

AM ACHTEN: Von der *Bergpredigt,* die über die acht Seligkeiten handelt (Nr. 278).

AM NEUNTEN: Wie Christus Unser Herr Seinen Jüngern auf den Wogen des *Meeres* erschien (Nr. 280).

AM ZEHNTEN: Wie der Herr *im Tempel lehrte* (Nr. 288).

AM ELFTEN: Von der Auferweckung des *Lazarus* (Nr. 285).

AM ZWÖLFTEN: Von dem *Palmtag* (Nr. 287).

162 ERSTE BEMERKUNG: Die Betrachtungen dieser zweiten Woche können, je nach der Zeit, die ein jeder darauf verwenden will, oder je nach dem Nutzen, den er daraus zieht, ausgedehnt oder eingeschränkt werden. Werden sie ausgedehnt, so werden die Geheimnisse der Heimsuchung Unserer Herrin bei Sankt Elisabeth, die Hirten, die Beschneidung des Jesuskindes und die drei Könige, und so noch weitere hinzugenommen. Werden sie eingeschränkt, so kann auch von den angeführten Geheimnissen etwas weggelassen werden, denn hier soll [nur] eine Einführung und Anleitung geboten werden dazu hin, später jeweils besser und jeweils vollständiger zu betrachten.

163 DIE ZWEITE: Der Stoff der Erwählungen (la materia de las elecciones) beginnt nach der Betrachtung [vom Weggang des Herrn] von Nazareth an den Jordan, diese miteingerechnet, das heißt mit dem fünften Tag. Er wird im folgenden dargelegt werden.

164 DIE DRITTE: Bevor ein Mensch in die Erwählungen eintritt, wird er, um sich zur wahren Lehre Christi hinzustimmen (affectarse), mit großem Vorteil erwägen und achten auf die folgenden

Er wird sie während des ganzen Tages immer wieder überlegen und die entsprechenden Aussprachen halten, wie nachher gesagt wird.

DIE ERSTE WEISE der Demütigung ist notwendig zum ewigen Heil. Ich muß mich nämlich so weit herabsetzen und so weit erniedrigen, als es mir möglich ist, dazu hin, in allem dem Gesetz Gottes Unseres Herrn zu gehorchen, derart, daß ich — auch wenn man mich zum Herrn aller geschaffenen Dinge in dieser Welt machte, oder wenn es mein eigenes zeitliches Leben gälte — nicht auf den Gedanken käme, ein Gebot zu übertreten, sei es ein göttliches oder ein menschliches, das mich unter Todsünde verpflichtet. 165

DIE ZWEITE ist vollkommenere Demütigung als die erste: wenn ich mich nämlich an dem finde, daß ich nicht mehr wünsche und ersehne, Reichtum als Armut zu besitzen, Ehre als Unehre zu suchen, langes Leben als kurzes zu begehren, wo es für den Dienst Gottes Unseres Herrn gleich bleibt, und daß ich dabei nicht um alles Geschaffene noch um den Verlust meines eigenen Lebens auf den Gedanken käme, eine läßliche Sünde zu begehen. 166

DIE DRITTE ist ganz vollkommene Demütigung: wenn ich nämlich, die erste und zweite Weise einschließend, und sofern Lobpreis und Verherrlichung der Göttlichen Majestät gleich bleibt, um Christus Unserem Herrn je mehr nachzufolgen und ihm der Tat nach ähnlicher zu werden, je mehr mit dem armen Christus Armut wünsche und erwähle als Reichtum, je mehr mit dem schmacherfüllten Christus Schmach als Ehrenerweise, und je mehr darnach verlange, als ein Tor und Narr angesehen zu werden um Christi willen, der zuerst als ein solcher angesehen wurde, denn für weise und klug in dieser Welt. 167

168   Wer diese dritte Demütigung zu erlangen wünscht, für den ist es sehr nützlich, die drei anläßlich der drei Menschengruppen erwähnten *Gespräche* zu halten, indem er die Bitte ausspricht, Unser Herr wolle ihn in diese dritte je größere und je bessere Demütigung erwählen, um Ihm je mehr nachzufolgen, wofern dabei Dienst und Lobpreis Seiner Göttlichen Majestät gleich oder größer ist.

169   EINLEITENDES ZUM VOLLZUG DER ERWÄHLUNG

Bei jeder guten Wahl muß, soweit sie von uns abhängt, das Auge unserer Ausrichtung (intención) einfach sein, indem es einzig allein das anschaut, wozu ich geschaffen bin, nämlich hin zum Lobpreis Gottes Unseres Herrn und zum Heil meiner Seele. Was immer ich also erwähle, muß so beschaffen sein, daß es mir zum Ziel hin helfe, zu dem hin ich geschaffen bin. Und ich soll nicht das Ziel zum Mittel hin ordnen und ziehen, sondern das Mittel zum Ziel. So kommt es vor, daß viele zuerst die Wahl treffen zu heiraten, was ein Mittel ist, und dann an zweiter Stelle Gott Unserm Herrn in diesem Ehestand zu dienen, welcher Dienst Gottes doch das Ziel ist. Desgleichen gibt es andere, deren erster Wille auf die Erlangung von Pfründen geht und die erst nachträglich Gott in diesen dienen wollen. Sie streben also nicht geraden Weges zu Gott, sondern sie wollen, daß Gott geraden Weges ihren ungeordneten Neigungen entgegenkomme, und so machen sie denn aus dem Ziel ein Mittel und aus dem Mittel ein Ziel. Sie ergreifen also das, was sie an erster Stelle ergreifen sollten, zuletzt, denn an erster Stelle haben wir uns den Dienst Gottes vorzunehmen, der das Ziel ist, und erst nachträglich, die Pfründe zu empfangen oder zu heiraten, falls dies für mich das Bessere ist. So darf nichts mich bewegen, dergleichen Mittel zu wählen oder sie liegen zu lassen, als einzig der Dienst und Lobpreis Gottes Unseres Herrn und das ewige Heil meiner Seele.

enthält vier Punkte und eine Bemerkung.

DER ERSTE PUNKT: Es ist notwendig, daß alle Dinge, über die wir Erwählung zu halten wünschen, in sich indifferent oder gut sind, und daß sie im Bereich der Heiligen Mutter, der hierarchischen Kirche mitstreiten und nicht schlecht sind oder ihr widerstreitend.

DER ZWEITE: Es gibt einiges, was unter eine unwandelbare 171 Erwählung fällt, wie das Priestertum, die Ehe usf. Es gibt anderes, was unter eine wandelbare Erwählung fällt, wie etwa kirchliche Pfründen annehmen oder sie lassen, irdische Güter annehmen oder sie von sich werfen.

DER DRITTE: In der unwandelbaren Erwählung kann, wenn 172 sie einmal stattgehabt hat, nichts weiter erwählt werden, denn sie kann nicht rückgängig gemacht werden. So ist es bei der Ehe, beim Priestertum usf. Dies nur ist zu beachten, daß, wenn die Wahl nicht in der gesollten und geordneten Weise, nicht ohne ungeordnete Anhänglichkeiten geschehen ist, man dies bereuen und darnach trachten soll, innerhalb seiner Erwählung ein gutes Leben zu führen. Eine solche Wahl scheint aber keine göttliche Berufung zu sein, denn sie ist eine ungeordnete und schiefe Wahl. Gar viele täuschen sich in dieser Hinsicht, indem sie aus einer schiefen oder schlechten Wahl eine göttliche Berufung machen; denn jegliche Berufung, die von Gott kommt, ist immer lauter und durchsichtig (limpia), ohne Beimischung des Fleisches oder irgendeiner andern ungeordneten Neigung.

DER VIERTE: Hat jemand die Erwählung auf gesollte und 173 geordnete Weise in Dingen getroffen, die unter die veränderliche Wahl fallen, ohne dem Fleische oder der Welt anzuhangen, so ist kein Grund, eine neue Wahl zu treffen, sondern er vervollkommne sich in dieser, soweit er kann.

174 BEMERKUNG. Wurde aber die wandelbare Erwählung nicht aufrichtig und in guter Ordnung vollzogen, so ist es von Nutzen, die Erwählung [jetzt] in der rechten Weise zu vollziehen, wenn anders einer wünscht, daß daraus merkliche und Gott sehr willkommene Früchte entspringen.

DREI ZEITEN

175 in deren jeder eine gesunde und gute Wahl gehalten werden kann.

DIE ERSTE ZEIT ist, wenn Gott Unser Herr den Willen so bewegt und an sich zieht, daß eine Ihm ergebene Seele, ohne zu zweifeln oder auch nur zweifeln zu können, dem folgt, was gezeigt wird, wie Sankt Paulus und Sankt Matthäus taten, als sie Christus Unserem Herrn nachfolgten.

176 DIE ZWEITE: wenn Klarheit und Einsicht genug empfangen wird, von der Erfahrung in Tröstung und Trostlosigkeit her und aus der Erfahrung der Unterscheidung der verschiedenen Geister.

177 DIE DRITTE ist ruhig; es erwägt einer zuerst, wozu hin der Mensch geboren ist, nämlich um Gott Unseren Herrn zu lobpreisen und seine Seele zu retten, und von solchem Wunsche beseelt, wählt er als Mittel ein Leben oder einen Stand innerhalb der Grenzen der Kirche, um dadurch gefördert zu werden im Dienst seines Herrn und bei der Erlösung seiner Seele.
Ich sagte, eine ruhige Zeit, wenn nämlich die Seele nicht von verschiedenen Geistern hin und her bewegt wird und von ihren natürlichen Fähigkeiten in Freiheit und Ruhe Gebrauch macht.

178 Wenn sich die Erwählung nicht in der ersten oder zweiten Zeit vollzog, dann folgen für die [verbleibende] dritte Zeit ZWEI ARTEN sie vorzunehmen.

gesunde und gute Erwählung zu treffen;
enthält sechs Punkte in sich.

DER ERSTE PUNKT ist: Mir die Sache vorzulegen, über die
ich Erwählung zu halten wünsche, etwa ein Amt oder eine
Pfründe, die anzunehmen oder liegenzulassen sind, oder
irgendeine andere Sache, die unter die wandelbare Erwählung fällt.

DER ZWEITE: Es ist notwendig, sich das Ziel vorzulegen, zu 179
dem hin ich geschaffen bin, das da ist, Gott Unsern Herrn
zu lobpreisen und meine Seele zu retten, und dabei sich
gleichmütig (indiferente) zu finden, ohne irgendeine ungeordnete Anhänglichkeit, so daß ich nicht mehr geneigt
oder angetan bin, die vorgestellte Sache zu nehmen als sie
zu lassen; nicht, mehr sie zu lassen als sie zu nehmen, daß
ich mich vielmehr wie im Gleichgewicht der Waage befin-
de, um dem folgen zu können, von dem ich spüre, daß es
mehr zur Ehre und zum Lobpreis Gottes Unseres Herrn
und zur Rettung meiner Seele dient.

DER DRITTE: Erbitten von Gott Unserm Herrn, Er wolle 180
meinen Willen bewegen und mir das in die Seele legen, was
ich in der vorgelegten Sache tun soll, und was mehr zu
Seinem Lobpreis und Seiner Verherrlichung gereicht, indem ich gut und getreu mit meinem Verstand überlege und
dann Seinem Heiligsten und Wohlgefälligen Willen entsprechend wähle.

DER VIERTE: Erwägen durch Überlegen der Gründe, wie- 181
viele Vorteile und Nutzen mir erwachsen, wenn ich das
vorgelegte Amt oder die Pfründe annehme, einzig auf den
Lobpreis Gottes Unseres Herrn und das Heil meiner Seele
hin; dann umgekehrt erwägen die Nachteile und Gefahren,
die in der Annahme liegen. Gleicherweise auf der andern
Seite verfahren: nämlich die Vorteile und den Nutzen des

Nichtbesitzes betrachten und umgekehrt die Nachteile und Gefahren desselben Nichtbesitzes.

182 DER FÜNFTE: Nachdem ich so überlegt und die vorgestellte Sache nach allen Seiten hin erwogen habe, zusehen, wohin sich die Vernunft jeweils mehr hinneigt; und so soll nach der stärkeren vernunfthaften Regung, nicht aber nach irgendeiner sinnlichen Regung die Entscheidung über die vorgelegte Sache getroffen werden.

183 DER SECHSTE: Ist so die Erwählung oder Entscheidung getroffen, so soll der, der sie getroffen hat, sich mit großer Sorgfalt zum Gebet vor Gott Unsern Herrn begeben und ihm diese Wahl darbringen, damit Seine Göttliche Majestät sie annehme und bekräftigen wolle, sofern sie zu Ihrem je größeren Dienst und Lobpreis gereicht.

184   DIE ZWEITE ART

gesunde und gute Erwählung zu treffen;
enthält vier Regeln und eine Bemerkung.

DIE ERSTE REGEL ist, daß jene Liebe, die mich bewegt hat, eine bestimmte Sache zu wählen, von oben herabsteige aus der Liebe Gottes, dergestalt, daß der Wählende zuerst in sich spürt, wie die größere oder geringere Liebe für die Sache, die er erwählt, einzig seinen Schöpfer und Herrn zum Grund hat.

185 DIE ZWEITE: Einen Menschen sich vorstellen, den ich nie gesehen noch gekannt habe, und ihm alle erreichbare Vollendung wünschen. Dann erwägen, was ich ihm sagen würde, daß er tun und erwählen solle zur je größeren Ehre Gottes Unseres Herrn und zur größeren Vollendung seiner Seele: und ebenso handle ich selbst und halte mich an die Regel, die ich für den anderen aufstelle.

DIE DRITTE: Als wäre ich in der Todesstunde, bedenke ich 186
die Form und das Maß, das ich dann hinsichtlich der jetzigen Wahl wünschte eingehalten zu haben; und danach
richte ich mich und treffe im ganzen meine Entscheidung.

DIE VIERTE: Ich betrachte und erwäge, wie mir am Tage des 187
Gerichtes zumute sein wird, und ich überlege, wie ich dann
wünschte in der vorliegenden Sache entschieden zu haben;
und die Regel, die ich dann befolgt haben möchte, nehme
ich jetzt an, um mich dann voller Freude und Wonne zu
finden.

BEMERKUNG. Nachdem ich diese Richtlinien zu meinem 188
ewigen Heil und Frieden angenommen habe, treffe ich
meine Wahl und bringe sie Gott Unserem Herrn dar, entsprechend dem sechsten Punkt der ersten Art zu wählen.

ZUR BESSERUNG UND NEUFORMUNG DES 189
EIGENEN LEBENS UND STANDES

Dies ist zu beachten: für solche, die eine kirchliche Würde
bekleiden oder im Ehestand leben — ob sie nun Überfluß
haben an irdischen Gütern oder nicht — und daher keine
Zeit oder keinen sehr bereiten Willen haben, eine Erwählung über Dinge zu treffen, die einer wandelbaren Wahl
unterliegen, ist es von großem Nutzen, wenn man ihnen an
Stelle einer Wahl eine Art und Weise vorlegt, wie jeder von
ihnen sein Leben und seinen Stand bessern und neuformen
kann. Man stellt dem Betreffenden also seine Geschöpf-
lichkeit vor, sein Leben und seinen Stand zur Verherrlichung und zum Lobpreis Gottes Unseres Herrn und zum
Heil seiner Seele. Um zu diesem Ziel zu gelangen und es zu
erreichen, muß er anhand der dargelegten Übungen und
der Arten der Wahl viel nachsinnen und überlegen, wie
groß der Haushalt und Hausstand sein soll, den er führt,
wie er jenen lenken und leiten, diesen durch Wort und
Beispiel lehren müsse. Desgleichen bezüglich seines Ver-

mögens: wieviel er davon für seine Familie und sein Haus verwenden soll und wieviel zur Verteilung an die Armen und für andere gute Zwecke. Und er wünsche und suche dabei nichts anderes als im Ganzen und durch das Ganze den jeweils größeren Lobpreis und die Verherrlichung Gottes Unseres Herrn. Denn es bedenke ein jeder, daß er in allen Dingen des Geistes soweit gefördert werden wird, als er herausspringt aus seiner Eigenliebe, seinem Eigenwillen und seinem Eigennutz.

[DRITTE WOCHE]

[ERSTER TAG]

DIE ERSTE BETRACHTUNG 190

um Mitternacht ist: wie Christus Unser Herr *von Bethanien nach Jerusalem* ging zum letzten Abendmahl (Nr. 289).

Sie enthält ein Vorbereitungsgebet, drei Einstellungen, sechs Punkte und eine Aussprache.

Das gewohnte Vorbereitungsgebet.

Die erste Einstellung ist die Erinnerung der Geschichte. 191 Das ist hier: wie Christus Unser Herr von Bethanien aus zwei Jünger sandte, um das Abendmahl zu rüsten, und dann selber mit den andern Jüngern dazu hinging; wie Er dann, nachdem Er das Osterlamm gegessen und das Mahl beendet, Seinen Jüngern die Füße wusch und ihnen Seinen Heiligsten Leib und Sein kostbares Blut reichte und, nachdem Judas gegangen war, seinen Herrn zu verkaufen, an sie eine Rede hielt.

Die zweite: Zurichtung des Schauplatzes. Hier den Weg 192 von Bethanien nach Jerusalem sehen, ob breit, ob eng, ob eben usf. Entsprechend das Gemach des Mahles, ob geräumig, ob eng, ob so oder anders.

Die dritte: Bitten um was ich begehre: hier Leid, Ergriffen- 193 heit und Beschämung, denn um meiner Sünden willen geht der Herr zum Leiden.

DER ERSTE PUNKT: Schauen die Personen beim Abend- 194 mahl, und mich in mir selbst besinnend, Sorge tragen, einigen Gewinn aus ihnen zu ziehen.

DER ZWEITE: Hören, was sie reden, und wieder suchen, daraus einigen Gewinn zu ziehen.

DER DRITTE: Zusehen, was sie tun, und einigen Gewinn daraus ziehen.

195 DER VIERTE: Erwägen, was Christus Unser Herr in Seiner Menschheit leidet oder leiden will, je nach dem Abschnitt, der zur Betrachtung vorliegt. Hier nun mit aller Kraft einsetzen und mich anstrengen, zu leiden, zu trauern und zu weinen; und dieselbe Mühe mir geben bei den folgenden Punkten.

196 DER FÜNFTE: Erwägen, wie die Gottheit sich verbirgt, da sie ihre Feinde vernichten könnte und es nicht tut. Und wie sie es duldet, daß die heiligste Menschheit so übergrausam leidet.

197 DER SECHSTE: Erwägen, wie [der Herr] das alles um meiner Sünden willen leidet usf., und was ich für Ihn tun und leiden soll.

198 Beschließen mit einer Aussprache zu Christus Unserem Herrn, und am Ende ein Vater Unser.

199 Es ist zu beachten, wie schon früher zum Teil erklärt worden ist, daß wir bei den Gesprächen uns unterreden und bitten sollen gemäß dem vorliegenden Stoff, das heißt dementsprechend, ob ich mich nach dieser oder jener Seite zu disponieren wünsche, ob ich zu trauern oder mich zu freuen begehre über das, was ich betrachte. Schließlich bitte ich um das, was ich eindringlicher in bezug auf bestimmte, besondere Dinge ersehne. So kann man ein einziges Gespräch mit Christus Unserem Herrn halten, oder wenn der Stoff oder die Andacht dazu bewegt, drei Gespräche, das eine zur Mutter, ein anderes zum Sohn, ein weiteres zum Vater, in derselben Weise, wie in der zweiten Woche gesagt wurde bei der Betrachtung von den zwei Bannern und in der Bemerkung, die auf die Menschengruppen folgt.

in der Frühe: 200
geht *vom Abendmahl bis zum Garten* einschließlich.

Das gewohnte Vorbereitungsgebet.

Die erste Einstellung ist die Geschichte. Hier wie Christus 201
Unser Herr mit Seinen elf Jüngern vom Berg Sion, wo
Er das Abendmahl gehalten hatte, zum Tal Josaphat nie-
derstieg, acht von ihnen an einem Ort des Tales und die
drei andern an einer Stelle des Gartens zurückließ, wie Er
sich dann zum Gebet begab, Schweiß wie Blutstropfen
schwitzte, wie Er dreimal ein Gebet an den Vater richtete
und Seine Jünger aus dem Schlaf aufweckte, wie dann bei
Seiner Stimme die Feinde zu Boden fielen, Judas Ihm den
Friedenskuß gab, Sankt Petrus dem Malchus das Ohr ab-
hieb und Christus es wieder an seine Stelle setzte, wie Er
gleich einem Übeltäter gefangen wird und sie Ihn durch das
Tal hinunter und den Hügel hinauf zum Hause des Annas
schleppen.

Die zweite ist die Zurichtung des Schauplatzes. Hier 202
betrachten den Weg vom Sionsberg zum Tal Josaphat, und
in gleicher Weise den Garten: ob breit, ob lang, ob so oder
anders.

Die dritte: bitten um was ich begehre; um das, was in der 203
Leidenswoche zu erbitten ansteht: Schmerz mit Christus
dem Schmerzhaften, Zermalmung mit Christus dem Zer-
malmten, Tränen, inwendige Pein über die so große Pein,
die Christus für mich litt.

Bei dieser zweiten Betrachtung soll, nach Verrichtung des 204
Vorbereitungsgebets und der drei angeführten Einstellungen, für die Punkte und das Gespräch auf gleiche Weise
verfahren werden wie in der ersten Betrachtung vom
Abendmahl; zur Stunde der Messe und der Vesper werden
zwei Wiederholungen gehalten über die erste und die
zweite Betrachtung, dann vor dem Abendessen die Anwendung der Sinne über die vorgenannten Betrachtungen.
Immer aber sollen das Vorbereitungsgebet und die drei

Einstellungen vorausgeschickt werden, je nach dem vorliegenden Stoff, auf dieselbe Weise, wie dies in der zweiten Woche gesagt und erklärt worden ist.

[BEMERKUNGEN]

205 Je nach dem Alter, der Verfassung und Anlage dessen, der sich übt, wird er an jedem Tag fünf oder weniger Übungen vornehmen.

206 Während dieser dritten Woche bedürfen der zweite und der sechste *Zusatz* einer Änderung. Der zweite wird lauten: Gleich beim Erwachen stelle ich mir vor Augen, wohin ich gehen will und wozu, und fasse mir kurz die Betrachtung zusammen, die ich machen will. Und wie das Geheimnis es verlangt, werde ich mich anstrengen, während des Aufstehens und Ankleidens mich in Trauer und Schmerz zu versetzen über so großen Schmerz und so großes Leid Christi Unseres Herrn.

Der sechste wird also geändert, daß man keine angenehmen Gedanken herbeizurufen sucht, auch nicht wenn sie gut und heilig sind, wie Auferstehung und Himmelsherrlichkeit, sondern mich selber zu Schmerz und Pein und Zerbrochenheit hinlenken, indem ich häufig die Anstrengungen, Mühsale und Schmerzen Christi Unseres Herrn ins Gedächtnis ziehe, die Er litt vom Augenblick Seiner Geburt an bis zum Geheimnis der Passion, bei dem ich gerade stehe.

207 Die besondere *Prüfung* sei über die vorliegenden Übungen angestellt, wie sie in der vergangenen Woche gehalten wurde.

208   DER ZWEITE TAG

Um Mitternacht wird die Betrachtung sein über [die Geschehnisse] *vom Garten bis zum Hause des Annas* einschließlich (Nr. 291), und in der Frühe über die vom Hause des Annas *bis zum Hause des Kaiphas* einschließlich

(Nr. 292), dann die beiden Wiederholungen und die Anwendung der Sinne, in der Art, wie schon gesagt ist.

DER DRITTE TAG

Um Mitternacht *vom Hause des Kaiphas bis zu Pilatus* einschließlich (Nr. 293), und in der Frühe von Pilatus *zu Herodes* einschließlich (Nr. 294); dann die Wiederholungen und die Sinne in der gleichen Weise, wie schon gesagt ist.

DER VIERTE TAG

Um Mitternacht *von Herodes* zu *Pilatus* (Nr. 295), wobei man bis zur Hälfte der Geheimnisse im Haus des Pilatus betrachtet; dann in der Übung am Morgen die noch übrigen Geheimnisse im selben Hause, und die Wiederholungen und die Sinne, wie gesagt ist.

DER FÜNFTE TAG

Um Mitternacht vom Hause des Pilatus *bis zur Kreuzigung* des Herrn (Nr. 296), und in der Frühe von seiner *Kreuzerhebung bis zu Seiner Aufgabe des Geistes* (Nr. 297); dann die beiden Wiederholungen und die Sinne.

DER SECHSTE TAG

Um Mitternacht von der *Kreuzabnahme bis zum Grab* einschließlich (Nr. 298), und in der Frühe vom Grab einschließlich bis zum Hause, *wo Unsere Herrin weilte,* nachdem ihr Sohn gestorben war.

DER SIEBTE TAG

Betrachtung des *gesamten Leidens* auf einmal, in der Übung um Mitternacht und in der Frühe; an Stelle der beiden Wiederholungen und der Sinne den ganzen Tag über, so oft man nur kann, erwägen, wie der Heiligste Leib Christi Unseres Herrn liegen gelassen blieb, weggelegt und abgeschieden von der Seele, und wo und wie er begraben wurde. Desgleichen betrachten die Einsamkeit Unserer Herrin mit so großem Schmerz und Ermüdung, und dann auf der andern Seite die der Jünger.

209 BEMERKUNG. Wenn jemand mehr Zeit auf die Passion verwenden will, so soll er bei jeder Betrachtung weniger Geheimnisse nehmen, nämlich in der ersten Betrachtung nur das Abendmahl, in der zweiten die Fußwaschung, in der dritten die Darreichung des Sakramentes an die Jünger, in der vierten die Rede, die der Herr ihnen hielt, und so fort durch die übrigen Betrachtungen und Geheimnisse. In gleicher Weise nehme er nach Beendigung der Passion einen ganzen Tag die erste Hälfte der ganzen Passion, am zweiten Tag die andere Hälfte, und am dritten Tag die ganze Passion.

Wer dagegen bei der Passion mehr abzukürzen wünscht, nehme um Mitternacht das Abendmahl, in der Frühe den Garten, zur Zeit der Messe das Haus des Annas, zur Zeit der Vesper das Haus des Kaiphas, und für die Zeit vor dem Abendessen das Haus des Pilatus, so daß er die Wiederholungen und die Anwendung der Sinne nicht macht, sondern jeden Tag fünf verschiedene Übungen hält, und in jeder Übung ein bestimmtes Geheimnis Christi Unseres Herrn durchgeht. Und nachdem er so die ganze Passion beendet hat, kann er an einem andern Tage die ganze Passion auf einmal in einer oder mehreren Übungen durchgehen, je nachdem er mehr Nutzen daraus ziehen zu können meint.

210 REGELN, UM SICH KÜNFTIG IM ESSEN ZU ORDNEN

DIE ERSTE REGEL ist, daß man sich vom Brot weniger zu enthalten braucht, weil es keine Speise ist, nach der die Eßlust so ungeordnet zu begehren pflegt oder zu der die Versuchung so anreizt wie zu den andern Speisen.

DIE ZWEITE: In bezug auf das Trinken scheint die Enthalt- 211
samkeit angemessener zu sein als beim Essen des Brotes.
Darum gilt es, genau zuzusehen, was von Nutzen ist, daß
es zugelassen, und was schädlich ist, daß es abgetan werde.

DIE DRITTE: Bei den Gerichten muß eine größere und voll- 212
ständigere Enthaltsamkeit beobachtet werden, denn hier ist
sowohl die Eßlust bereiter zur Unordnung wie die Versuchung mehr auf dem Sprung, [etwas Besonderes] auszu-
suchen. Und so kann die Enthaltsamkeit bei den Gerichten,
um Unordnung zu vermeiden, aus zweierlei Art geschehen: einmal so, daß man sich gewöhnt, gröbere Speisen zu
essen, dann so, daß man ausgesuchtere in geringerer Menge
genießt.

DIE VIERTE: Vorausgesetzt, daß der Mensch sich davor in 213
acht nimmt, in Krankheit zu fallen, gilt, daß je mehr er sich
vom Zukömmlichen entzieht, er desto rascher zu der Mitte
gelangt, die er in Speise und Trank einhalten soll; und dies
aus zwei Gründen: erstlich, weil er, sich so fördernd und
bereitend (disponendose), nicht selten die innern Fühlun-
gen, Tröstungen und göttlichen Eingebungen erspüren
wird, durch die ihm die Mitte gewiesen wird, die ihm zukommt; zweitens, weil der Mensch, der bei solcher Enthaltsamkeit nicht mehr die genügende Körperkraft und
Disposition für die geistlichen Übungen in sich vorfindet,
leicht dazu gelangen wird, zu entscheiden, was seinem
leiblichen Unterhalt angemessener ist.

DIE FÜNFTE: Während man ißt, stelle man sich vor, man 214
schaue Christus Unserem Herrn zu, wie Er mit Seinen
Aposteln zusammen ißt, wie Er trinkt, wie Er blickt, wie
Er redet, und trachte, Ihn nachzuahmen, dergestalt, daß der
Verstand vornehmlich mit der Erwägung Unseres Herrn
und nur nebenbei mit dem Unterhalt des Körpers beschäf-
tigt sei, weil man so in sein Verhalten und seine Beherr-
schung jeweils mehr Gleichmaß und Ordnung bringt.

215 DIE SECHSTE: Zuweilen kann man während des Essens auch eine andere Erwägung nehmen, etwa das Leben der Heiligen oder eine andere fromme Betrachtung oder irgendeine geistliche Beschäftigung, die man auszuführen hat; denn richtet man darauf sein Augenmerk, so wird man weniger Ergötzung und Genuß aus der leiblichen Speise ziehen.

216 DIE SIEBTE: Vor allem hüte man sich davor, daß der ganze Sinn auf das gerichtet sei, was man ißt, und daß man aus lauter Eßlust zu hastig sei; man sei Herr seiner selbst sowohl in der Weise, wie man ißt, wie bezüglich der Menge, die man nimmt.

217 DIE ACHTE: Um alle Unordnung abzulegen, nützt es viel, nach dem Mittag- oder Abendessen oder zu einer andern Stunde, da man keine Begierde nach Essen verspürt, bei sich selbst für die nächste Mittag- oder Abendmahlzeit, und so fort jeden Tag, die Menge festzulegen, die zu nehmen tunlich sei, und über die man nachher um keiner Eßlust noch Versuchung willen hinausgehen soll; im Gegenteil: um jede ungeordnete Begierde oder Versuchung des Feindes, die zum Mehr-essen anreizt, jeweils besser zu besiegen, esse man weniger.

[VIERTE WOCHE]

ERSTE BETRACHTUNG 218

WIE CHRISTUS UNSER HERR ERSCHIEN
UNSERER HERRIN

Das gewohnte Vorbereitungsgebet. 219
Die erste Einstellung ist die Geschichte. Hier: wie nachdem
Christus am Kreuz aushauchte und der Leib von der Seele
getrennt liegen blieb, während Gott stets mit ihm vereint
war, die selige Seele zur Hölle abstieg, gleichfalls mit der
Gottheit geeint, von dort die gerechten Seelen entließ und
zum Grabe zurückkehrend und auferstehend seiner gebenedeiten Mutter mit Leib und Seele erschien.

Die zweite ist die Zurichtung des Schauplatzes. Hier: die 220
Anlage des Heiligen Grabes und die Stätte oder das Haus
Unserer Herrin sehen, dessen Teile im einzelnen betrach-
tend, so auch das Zimmer, den Gebetsraum usf.

Die dritte: Bitten um was ich begehre. Hier also bitten um 221
die Gnade, mich innig (intensamente) zu freuen und fröhlich zu sein über so große Herrlichkeit und Freude Christi
Unseres Herrn.

DER ERSTE, ZWEITE UND DRITTE PUNKT seien die gewohn- 222
ten, wie wir sie beim Abendmahl Unseres Herrn hatten.

VIERTER PUNKT: Erwägen, wie die Gottheit, die sich in der 223
Passion zu verbergen schien, nunmehr in der Heiligsten
Auferstehung so wunderbar aufleuchtet und sich offenbart
durch deren wahre und heiligste Wirkungen.

FÜNFTER PUNKT: Betrachten das Trösteramt, das Christus 224
Unser Herr ausübt, und damit verglichen die Art, wie ein
Freund seinen Freund zu trösten pflegt.

Schließen mit einem oder mehreren Gesprächen, die dem 225
vorliegenden Stoff entsprechen, und einem Vater Unser.

226 In den folgenden Betrachtungen gehe man alle Geheimnisse der Auferstehung in der unten angegebenen Weise durch, bis zur Himmelfahrt einschließlich, und wahre im übrigen in der ganzen Woche der Auferstehung dieselbe Form und Art, wie sie während der ganzen Leidenswoche gehalten wurde, dergestalt, daß man sich nach dieser ersten Betrachtung über die Auferstehung richtet. Die Einstellungen je nach dem vorgelegten Stoff und die fünf Punkte seien dieselben, auch die (unten folgenden) Zusätze bleiben sich gleich. So kann man sich in allem übrigen nach der Weise der Leidenswoche richten: in den Wiederholungen, der Zusammenziehung oder Ausdehnung der Geheimnisse usf.

227 ZWEITE BEMERKUNG: Für gewöhnlich ist es in der vierten Woche angemessener als in den drei vergangenen, vier und nicht fünf Übungen zu halten: die erste sogleich beim Aufstehen in der Frühe, die zweite zur Stunde der Messe oder vor dem Mittagessen, an Stelle der ersten Wiederholung, die dritte zur Zeit der Vesper, an Stelle der zweiten Wiederholung, die vierte vor dem Abendessen als Anwendung der Sinne über die drei Übungen desselben Tages, indem man bei den wichtigeren Teilen und dort, wo man jeweils größere Bewegungen und geistlichen Geschmack gespürt hat, aufmerkt und ruhend verweilt.

228 DIE DRITTE: Obschon bei allen Betrachtungen eine bestimmte Anzahl von Punkten gegeben wird, zum Beispiel drei oder fünf usf., so kann doch der Betrachtende auch mehr oder weniger Punkte ansetzen, je nachdem er sich dabei besser befindet. Hierzu hilft es viel, vor Beginn der Betrachtung eine bestimmte Anzahl von Punkten, die man durchgehen will, vorzusetzen und festzulegen.

[DIE VIERTE:] Während dieser vierten Woche sind von den zehn Zusätzen der zweite, sechste, siebte und zehnte abzuwandeln.

Der zweite wird sein: Sogleich beim Erwachen sich die Betrachtung vor Augen stellen, die ich zu halten vorhabe, indem ich wünsche, bewegt zu werden und fröhlich über so große Wonne und Fröhlichkeit Christi Unseres Herrn.

Der sechste: Ins Gedächtnis rufen und überdenken Dinge, die zur geistlichen Ergötzung und Freude und Heiterkeit bewegen, wie zum Beispiel die himmlische Seligkeit.

Der siebte: Helligkeit und Annehmlichkeiten der Jahreszeit benützen, so im Frühling und Sommer die erfrischende Kühle, im Winter Sonnenschein oder Wärme des Feuers, insoweit die Seele denkt oder vermutet, es könne ihr dienen, um sich in ihrem Schöpfer und Herrn zu erfreuen.

Der zehnte: An Stelle der Buße achte man auf Maßhaltung und auf die Mitte in allen Dingen, außer man befände sich in von der Kirche gebotenen Fasten und in Tagen der Enthaltung; denn diese sind stets zu beobachten, wenn kein rechtmäßiges Hindernis vorliegt.

BETRACHTUNG ZUR ERLANGUNG DER LIEBE

Zuerst ziemt es sich, auf zwei Dinge zu achten.

Das erste ist, daß die Liebe mehr in die Werke gelegt werden muß als in die Worte.

Das zweite: Die Liebe besteht in der Mitteilung von bei- den Teilen her; das will heißen, daß der Liebende dem Geliebten gibt und mitteilt, was er hat, oder von dem, was er hat oder kann, und als Gegenstück dazu der Geliebte dem Liebenden, derart, daß wenn der eine Wissen oder Ehren oder Reichtümer besitzt, er es dem gibt, der es nicht hat, und so teilt immer einer dem andern mit.

Das [Vorbereitungs]gebet ist das gewohnte.

232 Die *erste Einstellung* ist die Zurichtung. Hier sehen, wie ich stehe vor Gott Unserm Herrn, vor seinen Engeln, vor den Heiligen, die für mich eintreten.

233 Die *zweite:* Bitten um was ich begehre. Hier bitten um innere Erkenntnis der so großen empfangenen Wohltaten, dazu hin, daß ich in ganz dankbarem Anerkennen in allem Seine Göttliche Majestät lieben und Ihr dienen könne.

234 DER ERSTE PUNKT ist: Ins Gedächtnis rufen die empfangenen Wohltaten der Schöpfung, der Erlösung und der besonderen Gaben, indem ich mit großer Hingebung wäge, wie Großes Gott Unser Herr für mich getan und wie viel Er mir von dem gegeben hat, was Er besitzt, und folgerichtig, wie sehr derselbe Herr danach verlangt, Sich selbst mir zu geben, soweit Er es nur vermag gemäß Seiner Göttlichen Herablassung. Und dann zurückbesinnen auf mich selbst und mit viel Begründung und Gerechtigkeit erwägen, was ich von meiner Seite schuldigerweise darbieten und geben muß Seiner Göttlichen Majestät, nämlich alles, was ich habe, und mich selber damit, so wie einer, der mit großer Hingabe darbietet:

Nimm Dir, Herr, und übernimm meine ganze Freiheit, mein Gedächtnis, meinen Verstand und meinen ganzen Willen, mein ganzes Haben und Besitzen. Du hast es mir gegeben, zu Dir, Herr, wende ich es zurück; das Gesamte ist Dein; verfüge nach Deinem ganzen Willen, gib mir Deine Liebe und Gnade, das ist mir genug.

235 DER ZWEITE: Erwägen, wie Gott in den Geschöpfen wohnt, in den Elementen Dasein, in den Pflanzen wachsendes Leben, in den Tieren sinnliches Fühlen, in den Menschen geistige Einsicht verleihend. Und so auch in mir: wie Er mir Dasein gibt, mich durchseelt, mir Sinne erweckt und geistige Einsicht verleiht, wie Er desgleichen einen Tempel aus mir macht, da ich zu einem Gleichnis und Bild Seiner Göttlichen Majestät geschaffen bin. Und abermals

zurückbesinnen auf mich selbst, in der Art, wie im ersten Punkt gesagt ist, oder auf eine andere, wenn ich diese als die bessere spüre. Und auf dieselbe Weise geschehe bei jedem folgenden Punkte.

DER DRITTE: Erwägen, wie Gott sich anstrengt und müht 236 um meinetwillen in allen geschaffenen Dingen auf der Welt, das heißt, Er verhält Sich wie einer, der mühselige Arbeit verrichtet. So in den Himmeln, Elementen, Pflanzen, Früchten, Herden usf., indem er das Dasein gibt und erhält, Wachstum und sinnliches Leben verleiht usf. Dann zurückbesinnen auf mich selbst.

DER VIERTE: Schauen, wie alles Gut und alle Gabe absteigt 237 von oben, so wie auch meine beschränkte Kraft von der höchsten und unendlichen oben herab; und so auch [unsere] Gerechtigkeit, Güte, Frömmigkeit, Barmherzigkeit usf., wie von der Sonne absteigen die Strahlen, vom Quell die Wasser usf. Dann zum Ende zurückbesinnen auf mich selbst in der gesagten Weise.
Schließen mit einer Aussprache und einem Vater Unser.

DREI WEISEN ZU BETEN   238

DIE ERSTE WEISE:

Über die Gebote
[und andere Gegenstände]

DIE ERSTE WEISE zu beten ist über DIE ZEHN GEBOTE, die sieben Hauptsünden, die drei Fähigkeiten der Seele und die fünf leiblichen Sinne. Diese Gebetsweise ist mehr dazu da, der Seele Rahmen, Maß und Übungsformen an die Hand zu geben, um sich dadurch vorzubereiten und voranzukommen und ihr Gebet zu einem wohlgefälligen zu machen, als dazu, eine bestimmte Gestalt und Weise des Betens selber zu vermitteln.

239 Zuerst soll das dem zweiten Zusatz der zweiten Woche Entsprechende geschehen, nämlich: vor dem Eintreten in das Gebet ruhe der Geist ein wenig; man setzt sich oder geht umher, wie es jeweils besser erscheint, und erwägt, wohin man geht und zu welchem Zweck. Dieser selbe Zusatz wird zu Beginn jeder Gebetsweise beachtet.

240 Ein Einführungsgebet, zum Beispiel Gott Unsern Herrn bitten, daß ich erkennen könne, worin ich gegen die zehn Gebote gefehlt habe. Und ebenso Gnade und Hilfe erbitten, mich künftig zu bessern, und vollkommene Einsicht in sie verlangen, um sie je besser zu halten, und zur je größeren Glorie und Lobpreis Seiner Göttlichen Majestät.

241 Bei der ersten Weise des Gebetes erwägen und überlegen, wie ich das erste Gebot gehalten habe und worin ich gefehlt habe, als Maß die Zeit nehmend, die man braucht, drei Vater Unser und drei Ave Maria zu beten. Finde ich in dieser Zeit meine Fehler, so bitte ich dafür um Verzeihung und Nachlaß und sage ein Vater Unser. Und auf diese Weise wird bei jedem der zehn Gebote verfahren.

242 Dabei ist zu bemerken: Wenn einer zur Betrachtung eines Gebotes kommt, bei dem er keinerlei Gewohnheit des Sündigens findet, ist es nicht nötig, lange Zeit dabei zu verweilen, sondern je nachdem einer findet, daß er in einem Gebot mehr oder weniger gestrauchelt sei, soll er sich auch mehr oder weniger lang bei dessen Erwägung oder Erforschung aufhalten. Und ebenso soll bei den Hauptsünden vorgegangen werden.

243 Nachdem die besagte Durchforschung aller Gebote beendet ist, klage ich mich darüber an, und mit der Bitte um Gnade und Hilfe zu künftiger Besserung schließen mit einem Gespräch zu Gott Unserem Herrn, je nach dem vorliegenden Gegenstand.

Zweitens über DIE HAUPTSÜNDEN. Bei [der Erwägung über] 244
die sieben Hauptsünden wird, nach dem Zusatz, das Vorbereitungsgebet in der genannten Weise verrichtet, mit
dem Unterschied, daß es sich hier um zu meidende Sünden
handelt, während es vorher um zu haltende Gebote ging.
Ebenso sei die angegebene Ordnung und Regel beibehalten, sowie die Aussprache.

Um die bei den Hauptsünden begangenen Fehler jeweils 245
besser kennenzulernen, betrachte man ihr Gegenteil; und
um sie jeweils besser zu meiden, nehme der Betreffende
sich vor und sorge dafür, in heiligen Übungen die sieben
entgegengesetzten Tugenden zu erwerben und zu bewahren.

Drittens über DIE FÄHIGKEITEN DER SEELE. Bei den drei 246
Fähigkeiten der Seele werde die gleiche Ordnung und
Regel eingehalten wie bei den Geboten, indem man den
Zusatz befolgt, das Vorbereitungsgebet und das Gespräch
hält.

Viertens über DIE FÜNF SINNE DES LEIBES. Bei den fünf Sin- 247
nen des Leibes wird man sich stets an die gleiche Ordnung
halten und nur den Gegenstand ändern.

Wer im Gebrauch seiner Sinne Christus Unseren Herrn 248
zum Vorbild nehmen will, der empfehle sich im Vorbereitungsgebet Seiner Göttlichen Majestät, und nach der Erwägung jedes Sinnes sage er ein Ave Maria oder ein Vater
Unser; und wer im Gebrauch der Sinne Unsere Herrin
nachahmen möchte, der empfehle sich ihr im Vorbereitungsgebet, auf daß sie ihm von ihrem Sohn und Herrn
Gnade hierzu erlange, und nach der Erwägung jedes Sinnes
sage er ein Ave Maria.

DIE ZWEITE WEISE ZU BETEN

*ist die Betrachtung der Sinne jedes
einzelnen Wortes* eines Gebetes

250 Derselbe Zusatz, der bei der ersten Gebetsweise befolgt wurde, wird auch in der zweiten Geltung haben.

251 Das Vorbereitungsgebet hat der Person zu entsprechen, an die das [zu betrachtende] Gebet gerichtet ist.

252 Die zweite Weise des Betens ist nun, daß jener, der sie verrichten will, kniend oder sitzend, je nach der besseren Disposition, die so erreicht wird, und der größeren Andacht, die er so findet, mit geschlossenen oder auf einen Ort gerichteten, nicht umherschweifenden Augen das Wort Vater spricht und bei der Erwägung dieses Wortes solange verharrt, als er Bedeutungen, Vergleiche, Empfindung oder Tröstung bei den auf dieses Wort bezüglichen Erwägungen findet. Und auf gleiche Art verhalte er sich bei jedem Worte des Vater Unser oder irgendeines anderen Gebetes, das er nach dieser Gebetsweise zu beten wünscht.

253 DIE ERSTE REGEL ist, daß er in der beschriebenen Weise eine Stunde beim ganzen Vater Unser verweile; und ist es beendet, so sage er ein Ave Maria, den Glauben, das Anima Christi oder Salve Regina, mündlich oder im Geist, auf die gewöhnliche Art.

254 DIE ZWEITE ist, daß, wenn jemand in der Betrachtung des Vater Unser bei einem Wort oder zweien reichen Stoff zum Denken und Kosten und Trost findet, er nicht besorgt sein soll, weiter zu gehen, auch wenn die Stunde mit dem Gefundenen zu Ende geht. Ist sie vorbei, so sage er den Rest des Vater Unser auf die gewöhnliche Art.

255 DIE DRITTE ist, daß, wenn er bei einem Wort oder zweien des Vater Unser eine ganze Stunde verweilte, er am nächsten Tag, wenn er wieder zum Gebet zurückkehren will, jenes Wort oder die zwei auf die gewöhnliche Weise spre-

chen soll, und dann fange er bei dem unmittelbar folgenden Wort an zu betrachten, gemäß dem in der zweiten Regel Gesagten.

Zu beachten ist: Wurde in einem oder mehreren Tagen das 256 Vater Unser beendet, so soll dasselbe mit dem Ave Maria und dann mit den übrigen Gebeten getan werden, so daß man sich eine Zeitlang immer in einem von ihnen übt.

Zweite Bemerkung: Ist das Gebet beendet, so wende man 257 sich in wenigen Worten an die Person, an die das Gebet gerichtet war, und bitte sie um die Tugenden oder Gnaden, deren man sich jeweils bedürftiger fühlt.

DIE DRITTE WEISE ZU BETEN   258

geschieht nach dem *Zeitmaß* (por compás)

Der Zusatz bleibt derselbe wie bei der ersten und zweiten Weise des Betens. Das Vorbereitungsgebet bleibt so wie bei der zweiten Weise des Betens.

Die dritte Weise des Gebetes ist, daß man bei jedem Atemzug oder Luftschöpfen im Geiste betet, indem man ein Wort des Vater Unser oder eines anderen Gebetes, das verrichtet wird, spricht, derart, daß zwischen zwei Atemzügen jeweils nur ein Wort gesagt wird, und daß man in der Zwischenzeit vom einen zum anderen Atemzug vor allem auf die Bedeutung des betreffenden Wortes achtet, oder auf die Person, an die man es richtet, oder auf die eigene Niedrigkeit oder den Unterschied so großer Hoheit zu so großer eigener Niedrigkeit. Und nach der gleichen Form und Regel wird man bei den übrigen Worten des Vater Unser verfahren, [dagegen] die andern Gebete, das Ave Maria, Anima Christi, den Glauben und das Salve Regina auf die gewöhnliche Art beten.

259 ERSTE REGEL: Am andern Tag oder zu einer andern Stunde, da man zu beten wünscht, bete man das Ave Maria nach dem Zeitmaß und die andern Gebete auf gewöhnliche Weise, und verfahre entsprechend auch mit den übrigen.

260 ZWEITE: Wer jeweils mehr beim Gebet nach dem Zeitmaß zu verweilen wünscht, kann sämtliche angeführten Gebete oder einen Teil von ihnen auf diese Art beten, indem er die gleiche Ordnung des Atmens im Zeitmaß einhält, wie sie erklärt worden ist.

Bei allen folgenden Geheimnissen ist zu beachten, daß die in Anführungszeichen stehenden Worte jeweils dem Evangelium selbst entnommen sind. Und man wird zumeist bei jedem Geheimnis drei Punkte finden, zu dem Zweck, die Besinnung und Betrachtung darüber mit größerer Leichtigkeit zu verrichten.

DIE VERKÜNDIGUNG UNSERES HERRN

DER ERSTE PUNKT ist, daß der Engel Sankt Gabriel Unsere 262
Herrin grüßt und ihr die Empfängnis Christi Unseres Herrn kundgibt. «Es trat der Engel zu Maria herein und sprach zu ihr: Gegrüßt seist du, voll der Gnade, du wirst empfangen in deinem Leibe und einen Sohn gebären.»
DER ZWEITE: Der Engel bestärkt, was er Unserer Herrin gesagt hat, indem er die Empfängnis Sankt Johannes des Täufers kundtut mit den Worten: «Und siehe, Elisabeth, deine Verwandte, hat einen Sohn in ihrem Alter empfangen.»
DER DRITTE: Es antwortete dem Engel Unsere Herrin: «Siehe, ich bin eine Magd des Herrn, mir geschehe nach deinem Wort.»

DIE HEIMSUCHUNG UNSERER HERRIN   263
BEI ELISABETH

Luk 1

ERSTENS: Als Unsere Herrin Elisabeth besuchte, spürte Sankt Johannes der Täufer, der im Schoße seiner Mutter weilte, den Besuch Unserer Herrin. «Und da Maria den Gruß Elisabeths vernahm, frohlockte das Kind in ihrem Schoße, und voll des Heiligen Geistes rief Elisabeth mit lauter Stimme und sprach: Benedeit seist du unter den Weibern und benedeit sei die Frucht deines Leibes.»

ZWEITENS: Unsere Herrin singt den Lobgesang und spricht: «Großpreise meine Seele den Herrn.»

DRITTENS: «Maria blieb bei Elisabeth etwa drei Monate und kehrte dann nach Hause zurück.»

264 DIE GEBURT CHRISTI UNSERES HERRN

Luk 2

ERSTENS: Unsere Herrin und ihr Bräutigam Josef gehen von Nazareth nach Bethlehem. «Josef zog von Galiläa nach Bethlehem hinauf, mit Maria, seinem ihm verlobten Weibe, die gesegneten Leibes war, um dem Kaiser Unterwürfigkeit zu erzeigen.»

ZWEITENS: «Sie gebar ihren erstgeborenen Sohn und wikkelte Ihn in Windeln und legte Ihn in die Krippe.»

DRITTENS: «Es erschien eine Menge himmlischer Heerscharen, die sprachen: Glorie sei Gott in den Himmeln.»

265 DIE HIRTEN

Luk 2

ERSTENS: Die Geburt Christi Unseres Herrn wird den Hirten durch den Engel kundgetan: «Ich verkünde euch eine große Freude, denn heute ist geboren der Erlöser der Welt.»

ZWEITENS: Die Hirten gehen nach Bethlehem. «Sie kamen eilends und fanden Maria und Josef und das Kind, das in die Krippe gelegt war.»

DRITTENS: «Die Hirten kehrten zurück, preisend und lobend den Herrn.»

266 DIE BESCHNEIDUNG

Luk 2

ERSTENS: Sie beschnitten den Knaben Jesus.

ZWEITENS: «Sein Name ward Jesus genannt, wie Er vom Engel genannt wurde, bevor Er im Mutterschoße empfangen wurde.»

DRITTENS: Sie geben das Kind Seiner Mutter zurück, welche mitlitt mit dem Blute, das ihrem Sohn entströmte.

DIE DREI MAGIER-KÖNIGE 267

Mt 2

ERSTENS: Die drei Magier-Könige, sich vom Sterne leiten lassend, kamen, um Jesus anzubeten, mit den Worten: «Wir haben Seinen Stern im Osten gesehen und kamen, um Ihn anzubeten.»

ZWEITENS: Sie beteten Ihn an und brachten Ihm Gaben dar: «Sie fielen nieder auf die Erde, beteten Ihn an und boten Ihm Gaben dar, Gold, Weihrauch und Myrrhe.»

DRITTENS: «Sie erhielten im Schlaf die Antwort, nicht zu Herodes zurückzugehen, und sie kehrten auf anderem Wege in ihre Gegend zurück.»

DIE REINIGUNG UNSERER HERRIN
UND DIE DARSTELLUNG DES KNABEN JESUS 268

Luk 2

ERSTENS: Sie bringen das Kind Jesus zum Tempel, damit Er dem Herrn als Erstgeborener dargestellt werde, und sie opferten für Ihn «ein Paar Turteltauben oder zwei junge Tauben».

ZWEITENS: Als Simeon in den Tempel kam, «nahm er Ihn in seine Arme» und sprach: «Nun, Herr, entlässest Du Deinen Diener im Frieden.»

DRITTENS: Anna «kam hinzu und pries den Herrn und redete von Ihm zu allen, die auf die Erlösung Israels hofften.»

DIE FLUCHT NACH ÄGYPTEN 269

Mt 2

ERSTENS: Herodes suchte das Kind Jesus zu töten, und darum ließ er die Unschuldigen Kinder töten. Und vor ihrem Tode mahnte ein Engel Josef, nach Ägypten zu fliehen: «Steh auf und nimm das Kind und Seine Mutter und fliehe nach Ägypten.»

Zweitens: Er machte sich auf nach Ägypten. «Er stand auf in der Nacht und brach nach Ägypten auf.»

Drittens: «Er blieb dort bis zum Tode des Herodes.»

DIE RÜCKKEHR CHRISTI UNSERES HERRN
270   AUS ÄGYPTEN

Mt 2

Erstens: Der Engel mahnt Josef, nach Israel zurückzukehren. «Steh auf und nimm das Kind und Seine Mutter und geh ins Land Israel.»

Zweitens: «Er stand auf und kam in das Land Israel.»

Drittens: Weil Archelaus, der Sohn des Herodes, in Judäa herrschte, zog er sich nach Nazareth zurück.

DAS LEBEN CHRISTI UNSERES HERRN
271   VOM ZWÖLFTEN BIS ZUM DREISSIGSTEN JAHR

Luk 2

Erstens: Er war gehorsam Seinen Eltern.

Zweitens: «Er nahm zu an Weisheit, Alter und Gnade.»

Drittens: Er scheint das Zimmermannshandwerk ausgeübt zu haben, wie Sankt Markus im sechsten Kapitel anzudeuten scheint: «Ist Dieser nicht der Zimmermann?»

DAS AUFTRETEN DES ZWÖLFJÄHRIGEN JESUS
272   IM TEMPEL

Luk 2

Erstens: Christus Unser Herr, zwölf Jahre alt, ging von Nazareth nach Jerusalem hinauf.

Zweitens: Christus Unser Herr blieb in Jerusalem, und Seine Eltern wußten es nicht.

DRITTENS: Nach Verlauf der drei Tage fanden sie Ihn disputierend im Tempel, mitten unter den Lehrern sitzend, und als Seine Eltern Ihn fragten, wo Er gewesen sei, antwortete Er: «Wißt ihr nicht, daß es Mir geziemt, in dem zu sein, was Meines Vaters ist?»

DIE TAUFE CHRISTI   273

Mt 3

ERSTENS: Nachdem Christus Unser Herr von Seiner gebenedeiten Mutter Abschied genommen hatte, kam Er von Nazareth an den Jordan, wo Sankt Johannes der Täufer weilte.

ZWEITENS: Sankt Johannes taufte Christus Unsern Herrn, und da er sich entschuldigen wollte, weil er sich für unwürdig hielt, Ihn zu taufen, erwiderte Christus: «Laß es jetzt, denn so ziemt es sich für uns, daß wir alle Gerechtigkeit erfüllen.»

DRITTENS: Es erschien der Heilige Geist und die Stimme des Vaters, die vom Himmel her bezeugte: «Das ist Mein geliebter Sohn, an dem Ich Mein Wohlgefallen habe.»

DIE VERSUCHUNG CHRISTI   274

Luk 4; Mt 4

ERSTENS: Nachdem Jesus getauft worden war, ging Er in die Wüste, wo Er vierzig Tage und vierzig Nächte fastete.

ZWEITENS: Er wurde zu dreien Malen vom Feinde versucht: «Der Versucher trat an Ihn heran und sagte: Wenn Du der Sohn Gottes bist, so sag, daß diese Steine Brot werden; stürze Dich von hier herab; alles das, was Du siehst, will ich Dir geben, wenn Du niederfallend auf die Erde mich anbetest.»

DRITTENS: «Es kamen Engel zu Ihm und dienten Ihm.»

ERSTENS: Dreimal scheinen Sankt Petrus und Sankt Andreas gerufen worden zu sein. Ein erstes Mal, um zu einer gewissen Kenntnis zu gelangen; das erhellt aus dem ersten Kapitel Sankt Johannis. Ein zweites Mal, um Christus einigermaßen nachzufolgen mit dem Vorsatz, wieder zum Besitz dessen zurückzukehren, was sie verlassen hatten, wie Sankt Lukas im fünften Kapitel erzählt. Ein drittes Mal, um Christus Unserem Herrn für immerdar nachzufolgen: Sankt Matthäus im vierten Kapitel und Sankt Markus im ersten.

ZWEITENS: Er berief Philippus, wie im ersten Kapitel Sankt Johannis steht, und Matthäus, wie es Matthäus selbst im neunten Kapitel berichtet.

DRITTENS: Er berief die andern Apostel, deren besondere Berufung im Evangelium nicht erwähnt wird.

Dabei sind noch drei andere Dinge zu erwägen: Erstens wie die Apostel von ungebildetem und niedrigem Herkommen waren. Zweitens die Würde, zu der sie so lieblich berufen wurden. Drittens die Gaben und Gnaden, durch die sie über alle Väter des Neuen und des Alten Bundes erhoben wurden.

DAS ERSTE WUNDER
BEI DER HOCHZEIT VON KANA IN GALILÄA

Joh 2

ERSTENS: Christus Unser Herr mit Seinen Jüngern wurde zur Hochzeit geladen.

ZWEITENS: Die Mutter macht den Sohn auf das Fehlen des Weines aufmerksam mit den Worten: «Sie haben keinen Wein.» Und sie trug den Dienern auf: «Tut, was immer Er euch sagt.»

DRITTENS: «Er verwandelte das Wasser in Wein und offenbarte Seine Herrlichkeit, und Seine Jünger glaubten an Ihn.»

Joh 2

ERSTENS: Er trieb alle Händler aus dem Tempel hinaus mit einer aus Stricken gemachten Geißel.

ZWEITENS: Er stürzte die Tische und Gelder der reichen Kaufleute um, die im Tempel waren.

DRITTENS: Den Armen, die Tauben verkauften, sagte Er sanft: «Schafft diese Dinge von hier weg und macht nicht aus Meinem Haus ein Kaufhaus.»

DIE BERGPREDIGT CHRISTI 278

Mt 5

ERSTENS: Zu Seinen geliebten Jüngern einzeln genommen spricht Er von den acht Seligkeiten. «Selig die Armen im Geiste, die Sanften, die Barmherzigen, die Trauernden, die Hunger und Durst nach der Gerechtigkeit leiden, die reinen Herzens sind, die Friedfertigen und die Verfolgung leiden.»

ZWEITENS: Er ermahnt sie, ihre Talente gut zu brauchen: «So leuchte euer Licht vor den Menschen, daß sie eure guten Werke sehen und euren Vater verherrlichen, der im Himmel ist.»

DRITTENS: Er erweist Sich nicht als Übertreter des Gesetzes, sondern als Erfüller, indem Er das Gebot, nicht zu töten, nicht Ehebruch zu treiben, nicht falsch zu schwören und die Feinde zu lieben erklärt. «Ich sage euch: liebet eure Feinde und tut Gutes denen, die euch hassen.»

CHRISTUS UNSER HERR STILLT DEN STURM
AUF DEM MEER 279

Mt 8

ERSTENS: Während Christus Unser Herr auf dem Meere schlief, erhob sich ein großer Sturm.

ZWEITENS: Seine erschreckten Jünger wecken Ihn auf;

Er aber tadelt sie um ihrer Kleingläubigkeit willen mit den Worten: «Was seid ihr furchtsam, ihr Kleingläubigen?»
DRITTENS: Er gebot den Winden und dem Meere, sich zu legen; und da jene aufhörten, beruhigte sich das Meer, worüber die Menschen sich wunderten und sprachen: «Wer ist Dieser, dem die Winde und das Meer gehorchen?»

280   CHRISTUS WANDELT AUF DEM MEER
Mt 14

ERSTENS: Vom Berg aus hieß Christus Unser Herr Seine Jünger sich in das Schifflein begeben, und nachdem Er die Menge entlassen hatte, begann Er allein zu beten.
ZWEITENS: Das Schifflein wurde von den Wellen bekämpft; Christus aber kam auf dem Wasser wandelnd zu ihm, und die Jünger dachten, es sei ein Gespenst.
DRITTENS: Da Christus zu ihnen sagte: «Ich bin es, fürchtet euch nicht», ging Sankt Petrus auf Sein Geheiß zu Ihm, auf dem Wasser wandelnd, und da er ob seines Zweifelns zu sinken begann, befreite ihn Christus Unser Herr und verwies ihm seinen geringen Glauben, und als sie darauf in das Schifflein stiegen, legte sich der Wind.

281   DIE AUSSENDUNG DER APOSTEL ZUR PREDIGT
Mt 10

ERSTENS: Christus ruft Seine geliebten Jünger zu Sich und gibt ihnen die Macht, die bösen Geister aus den Körpern der Menschen auszutreiben und alle Krankheiten zu heilen.
ZWEITENS: Er belehrt sie über Klugheit und Geduld: «Siehe, Ich sende euch wie Schafe mitten unter Wölfe, darum seid klug wie die Schlangen und einfach wie die Tauben.»
DRITTENS: Er gibt ihnen die Weise des Wanderns: «Wollet weder Gold noch Silber besitzen; was ihr umsonst empfangt, das gebt umsonst.» Er gab ihnen auch den Stoff der Predigt: «Geht hin und predigt: Schon hat sich das Himmelreich genaht.»

Luk 7

ERSTENS: Magdalena tritt ein, wo Christus Unser Herr im Hause des Pharisäers zu Tische saß; sie trug ein Alabastergefäß voller Narde.

ZWEITENS: Sie stand hinter dem Herrn zu Seinen Füßen und begann sie mit Tränen zu benetzen und mit den Haaren ihres Hauptes zu trocknen, und sie küßte Seine Füße und salbte sie mit Narde.

DRITTENS: Da der Pharisäer Magdalena beschuldigte, spricht Christus zu ihrer Verteidigung die Worte: «Ihr werden viele Sünden vergeben, weil sie viel geliebt hat. Und Er sprach zu dem Weibe: Dein Glaube hat dir geholfen, geh hin im Frieden.»

CHRISTUS UNSER HERR
GIBT FÜNFTAUSEND MENSCHEN ZU ESSEN   283

Mt 14

ERSTENS: Da es bereits spät wurde, bitten die Jünger Christus, daß Er die Menge der Menschen, die um Ihn waren, entlasse.

ZWEITENS: Christus Unser Herr trug [den Jüngern] auf, Brot zu bringen, und gebot den Leuten, sich zum Essen zu lagern. Und Er segnete die Brote, brach sie und gab sie Seinen Jüngern, und die Jünger gaben sie der Menge.

DRITTENS: «Sie aßen und wurden satt, und es blieben zwölf Körbe übrig.»

DIE VERKLÄRUNG CHRISTI   284

Mt 17

ERSTENS: Christus Unser Herr nahm Seine geliebten Jünger Petrus, Jakobus und Johannes als Seine Begleiter mit und wurde verklärt, und Sein Antlitz erstrahlte wie die Sonne und Seine Kleider wie der Schnee.

ZWEITENS: Er redete mit Moses und Elias.

DRITTENS: Als Sankt Petrus sagte, man solle drei Hütten bauen, ertönte eine Stimme vom Himmel, die sprach: «Dieser ist Mein geliebter Sohn, Ihn sollt ihr hören.» Und als die Jünger diese Stimme vernahmen, fielen sie vor Furcht auf ihr Antlitz, und Christus Unser Herr rührte sie an und sprach zu ihnen: «Erhebt euch und fürchtet euch nicht. Sagt niemand von diesem Gesicht, bis der Menschensohn aufersteht.»

285   DIE AUFERSTEHUNG DES LAZARUS

Joh 11

ERSTENS: Martha und Maria lassen Christus Unsern Herrn wissen, daß Lazarus krank sei. Auf diese Nachricht hin entzog Er Sich zwei Tage, damit das Wunder augenscheinlicher sei.

ZWEITENS: Bevor Er ihn auferweckt, fordert Er von der einen wie von der andern den Glauben, mit den Worten: «Ich bin die Auferstehung und das Leben; wer an Mich glaubt, wird leben, auch wenn er gestorben ist.»

DRITTENS: Er erweckt ihn, nachdem Er geweint und gebetet hat. Die Art der Auferweckung aber war die eines Befehls an ihn: «Lazarus, komm heraus.»

286   DAS MAHL VON BETHANIEN

Mt 26

ERSTENS: Der Herr nimmt im Hause Simons des Aussätzigen, zusammen mit Lazarus, ein Mahl ein.

ZWEITENS: Maria gießt Narde über das Haupt Christi aus.

DRITTENS: Judas murrt und sagt: «Wozu diese Vergeudung der Narde?» Aber Christus entschuldigt ein zweites Mal Magdalena, indem Er spricht: «Was seid ihr diesem Weibe lästig, da sie ein gutes Werk an Mir getan hat?»

Mt 21

ERSTENS: Der Herr sendet [die Jünger] nach der Eselin und dem Füllen, mit den Worten: «Löst sie und bringt sie Mir, und wenn jemand euch etwas sagt, so erwidert: der Herr braucht sie, und sogleich wird er sie lassen.»
ZWEITENS: Er bestieg die Eselin, die mit den Kleidern der Apostel bedeckt war.
DRITTENS: Sie ziehen hinaus um Ihn zu empfangen und breiten auf dem Weg ihre Kleider aus und Zweige von den Bäumen und rufen: «Rette uns, Sohn Davids! Gebenedeit, der da kommt im Namen des Herrn! Hosanna in der Höhe!»

DIE PREDIGT IM TEMPEL   288

Luk 19

ERSTENS: Er hielt Sich täglich im Tempel auf und lehrte daselbst.
ZWEITENS: Nach der Predigt ging Er nach Bethanien zurück, weil niemand in Jerusalem war, der Ihn aufgenommen hätte.

DAS ABENDMAHL   289

Mt 26; Joh 13

ERSTENS: Er aß das Osterlamm mit Seinen zwölf Aposteln, denen Er Seinen Tod voraussagte: «In Wahrheit sage Ich euch: einer von euch wird Mich verraten.»
ZWEITENS: Er wusch Seinen Jüngern die Füße, auch dem Judas. Er begann bei Sankt Petrus, der bei der Erwägung der Majestät des Herrn und seiner eigenen Niedrigkeit es nicht zulassen wollte und sagte: «Herr, Du wäschst mir die Füße?» Aber Sankt Petrus wußte nicht, daß der Herr hierin ein Beispiel der Demut gab und darum sagte: «Ich habe euch ein Beispiel gegeben, auf daß ihr tut, wie Ich getan habe.»

DRITTENS: Er setzte das heiligste Opfer der Eucharistie ein als das höchste Zeichen Seiner Liebe, mit den Worten: «Nehmet hin und esset.» Nachdem das Mahl beendet war, ging Judas hinaus, um Christus Unsern Herrn zu verraten.

DIE GEHEIMNISSE VOM ABENDMAHL
BIS ZUM GARTEN EINSCHLIESSLICH

Mt 26; Mk 14

ERSTENS: Nachdem das Mahl beendet und der Hymnus gesungen war, begab Sich der Herr mit Seinen Jüngern, die voller Furcht waren, zum Ölberg; und indem Er die acht in Gethsemani zurückließ, sagte Er: «Setzt euch hier nieder, indes Ich dorthin gehe, um zu beten.»
ZWEITENS: Begleitet von Sankt Petrus, Sankt Jakobus und Sankt Johannes betete Er dreimal zum Herrn und sprach: «Vater, wenn es möglich ist, gehe dieser Kelch an Mir vorüber, doch nicht Mein Wille geschehe, sondern der Deine.» Und Er geriet in Todesangst und betete inständiger.
DRITTENS: Er kam in solche Angst, daß Er sagte: «Traurig ist Meine Seele bis zum Tode», und Er schwitzte so reichlich Blut, daß Sankt Lukas sagt: «Sein Schweiß war wie Blutstropfen, die auf die Erde rannen», was voraussetzt, daß Seine Kleider schon voll Blut waren.

DIE GEHEIMNISSE VOM GARTEN BIS
ZUM HAUSE DES ANNAS EINSCHLIESSLICH

Mt 26; Luk 22; Mk 14

ERSTENS: Der Herr läßt Sich von Judas küssen und wie ein Räuber gefangennehmen. «Und Er sprach zu ihnen: Wie nach einem Räuber seid ihr ausgezogen mit Knütteln und Waffen, um Mich gefangenzunehmen, während Ich doch täglich mit euch im Tempel weilte und lehrte, und da habt ihr Mich nicht ergriffen.» Und als Er ihnen sagte: «Wen sucht ihr?», da fielen die Feinde zu Boden.

ZWEITENS: Sankt Petrus verwundete einen Knecht des Hohenpriesters, aber der sanfte Herr sagte zu ihm: «Stecke dein Schwert an seinen Platz!», und Er heilte die Wunde des Knechtes.

DRITTENS: Verlassen von Seinen Jüngern wird Er zu Annas geschleppt, wo Sankt Petrus, der Ihm von ferne gefolgt war, Ihn einmal verleugnete. Und Christus wurde ein Backenstreich verabfolgt mit den Worten: «So antwortest Du dem Hohenpriester?»

DIE GEHEIMNISSE VOM HAUSE DES ANNAS BIS ZUM HAUSE DES KAIPHAS EINSCHLIESSLICH   292

ERSTENS: Sie schleppen Ihn gebunden vom Hause des Annas zum Hause des Kaiphas, wo Sankt Petrus Ihn zweimal verleugnet. Aber da der Herr ihn anschaute, «ging er hinaus und weinte bitter».

ZWEITENS: Jesus blieb jene ganze Nacht gebunden.

DRITTENS: Die Ihn gebunden hielten, verhöhnten Ihn überdies noch, und sie schlugen Ihn und verhüllten Ihm das Antlitz und gaben Ihm Backenstreiche und fragten Ihn: «Weissage uns, wer ist es, der Dich schlug?», und ähnliche Lästerungen stießen sie gegen Ihn aus.

DIE GEHEIMNISSE VOM HAUS DES KAIPHAS BIS ZU DEM DES PILATUS EINSCHLIESSLICH   293

Mt 27; Luk 23; Mk 15

ERSTENS: Die ganze Menge der Juden schleppt Ihn zu Pilatus, und vor diesem klagen sie Ihn an mit den Worten: «Diesen haben wir dabei betroffen, wie Er unser Volk zu verderben suchte und verbot, dem Kaiser Steuern zu zahlen.»

ZWEITENS: Nachdem Pilatus Ihn mehrere Male verhört hatte, sagte er: «Ich finde keinerlei Schuld.»
DRITTENS: Es wurde Ihm Barabbas der Räuber vorgezogen. «Sie schrien alle und riefen: Nicht Diesen gib frei, sondern Barabbas.»

DIE GEHEIMNISSE VOM HAUSE DES PILATUS BIS ZU DEM DES HERODES

294

ERSTENS: Pilatus sandte Jesus den Galiläer zu Herodes, dem Tetrarchen von Galiläa.
ZWEITENS: Herodes fragte neugierig nach vielem; Er aber antwortete ihm nichts, obwohl die Schriftgelehrten und Priester Ihn beständig anklagten.
DRITTENS: Herodes ließ Ihm ein weißes Kleid anziehen und verspottete Ihn mit seinem Gefolge.

DIE GEHEIMNISSE VOM HAUSE DES HERODES BIS ZU DEM DES PILATUS

295

Mt 27; Luk 23; Mk 15; Joh 19

ERSTENS: Herodes sendet Ihn zurück an Pilatus, weshalb sie Freunde wurden, die vorher Feinde gewesen waren.
ZWEITENS: Pilatus ergriff Jesus und geißelte Ihn; und die Soldaten machten eine Krone aus Dornen und setzten sie Ihm aufs Haupt; sie kleideten Ihn mit Purpur, traten zu Ihm und sagten: «Sei gegrüßt, König der Juden.» Und sie gaben Ihm Backenstreiche.
DRITTENS: Er führte Ihn hinaus vor aller Augen: «Jesus also ging hinaus mit der Dornenkrone und dem Purpurmantel. Und Pilatus sagte: Seht, welch ein Mensch.» Und als die Priester Ihn sahen, schrien sie und riefen: «Kreuzige, kreuzige Ihn.»

Joh 19

ERSTENS: Pilatus, auf dem Richterstuhl sitzend, übergab
ihnen Jesus zur Kreuzigung, nachdem die Juden Ihn als
König verleugnet hatten mit den Worten: «Wir haben keinen König als den Kaiser.»
ZWEITENS: Er trug das Kreuz auf Seinen Schultern, und da
Er es nicht tragen konnte, wurde Simon von Cyrene ge-
zwungen, es hinter Jesus her zu tragen.
DRITTENS: Sie kreuzigten Ihn mitten zwischen zwei Räu-
bern und brachten diese Überschrift an: «Jesus von Nazareth, König der Juden.»

DIE GEHEIMNISSE AM KREUZ   297

Joh 19

ERSTENS: Er sprach die sieben Worte am Kreuz: Er betete
für die, die Ihn gekreuzigt hatten, vergab dem Schächer,
anempfahl Sankt Johannes Seine Mutter und Seiner Mutter
Sankt Johannes; sagte mit lauter Stimme: «Ich dürste», und
sie gaben Ihm Galle und Essig; Er sagte, daß Er verlassen
sei; Er sagte: «Es ist vollbracht.»; Er sagte: «Vater, in Deine
Hände befehle ich Meinen Geist.»
ZWEITENS: Die Sonne verfinsterte sich, die Felsen spalteten
sich, die Gräber taten sich auf, der Vorhang des Tempels
zerriß von oben bis unten in zwei Teile.
DRITTENS: Sie lästerten Ihn und sprachen: «Du bist der,
der den Tempel Gottes zerstört! Steige herab vom Kreuz!»
Seine Kleider wurden verteilt und Seine Seite mit der Lan-
ze durchstochen, und es floß Wasser und Blut heraus.

ERSTENS: Er wurde vom Kreuz abgenommen von Josef und Nikodemus, in Gegenwart Seiner Schmerzhaften Mutter.

ZWEITENS: Sein Leib wurde zum Grabe gebracht, gesalbt und begraben.

DRITTENS: Es wurden Wächter aufgestellt.

DIE AUFERSTEHUNG CHRISTI UNSERES HERRN
299   SEINE ERSTE ERSCHEINUNG

ERSTENS: Er erschien der Jungfrau Maria. Obgleich dies in der Schrift nicht ausdrücklich gesagt ist, hat es doch als ausgesprochen zu gelten, weil gesagt wird, Er sei so vielen andern erschienen. Denn die Schrift setzt voraus, daß wir Verstand haben, wie geschrieben steht: «Seid auch ihr ohne Einsicht?»

300   ## DIE ZWEITE ERSCHEINUNG

ERSTENS: Sehr früh am Morgen gehen Maria Magdalena, die [Mutter des] Jakobus und Salome zum Grab, indem sie sagten: «Wer wird uns den Stein vom Eingang des Grabmals wegnehmen?»

ZWEITENS: Sie sehen den Stein weggehoben und den Engel, der sagt: «Ihr sucht Jesus von Nazareth? Er ist schon auferstanden, Er ist nicht hier.»

DRITTENS: Er erschien der Maria, die beim Grabe geblieben war nach dem Weggang der andern.

301   ## DIE DRITTE ERSCHEINUNG
Mt 28

ERSTENS: Die Marien gehen mit Furcht und großer Freude vom Grabe weg, mit dem Willen, den Jüngern die Auferstehung des Herrn zu melden.

ZWEITENS: Christus Unser Herr erschien ihnen unterwegs und redete sie an: «Seid gegrüßt.» Und sie traten heran, fielen Ihm zu Füßen und beteten Ihn an.

DRITTENS: Jesus sagte zu ihnen: «Fürchtet euch nicht. Geht hin und kündet Meinen Brüdern, daß sie nach Galiläa gehen, denn dort werden sie Mich sehen.»

DIE VIERTE ERSCHEINUNG   302

Luk 24

ERSTENS: Als er von den Frauen vernommen hatte, daß Christus auferstanden war, eilte Sankt Petrus rasch zum Grabe.

ZWEITENS: Eintretend in das Grab sah er nur die Tücher, mit denen der Leib Christi Unseres Herrn bedeckt gewesen war, und sonst nichts.

DRITTENS: Während Sankt Petrus darüber nachsann, erschien ihm Christus, und darum sagten die Apostel: «Der Herr ist wahrhaft erstanden und dem Simon erschienen.»

DIE FÜNFTE ERSCHEINUNG   303

Luk 24

ERSTENS: Er erscheint den Jüngern, die nach Emmaus gingen und von Christus sprachen.

ZWEITENS: Er tadelt sie, indem Er an der Schrift zeigt, daß Christus sterben und auferstehen mußte: «O ihr Unverständigen, die ihr trägen Herzens seid, das alles zu glauben, was die Propheten verkündet haben! Mußte nicht Christus leiden und so in Seine Herrlichkeit eingehen?»

DRITTENS: Auf ihre Bitte hin bleibt Er dort und weilt bei ihnen, bis Er beim Reichen der Kommunion entschwand; sie aber kehrten zurück und sagten den Jüngern, wie sie Ihn bei der Kommunion erkannt hatten.

DIE SECHSTE ERSCHEINUNG

Joh 20

ERSTENS: Die Jünger waren versammelt «aus Furcht vor den Juden», mit Ausnahme von Sankt Thomas.

ZWEITENS: Jesus erschien ihnen bei geschlossenen Türen, und in ihrer Mitte stehend sagt Er: «Der Friede sei mit euch.»

DRITTENS: Er gibt ihnen den Heiligen Geist mit den Worten: «Empfanget den Heiligen Geist; denen ihr die Sünden nachlassen werdet, denen sind sie nachgelassen.»

305 DIE SIEBTE ERSCHEINUNG

Joh 20

ERSTENS: Der ungläubige Sankt Thomas sagt, weil er bei der vorigen Erscheinung abwesend war: «Wenn ich Ihn nicht sehe, glaube ich nicht.»

ZWEITENS: Jesus erscheint ihnen acht Tage später bei verschlossenen Türen und sagt zu Sankt Thomas: «Lege deinen Finger hierher und siehe die Wahrheit und sei nicht ungläubig, sondern gläubig.»

DRITTENS: Sankt Thomas glaubte und sagte: «Mein Herr und mein Gott.» Und Christus sagte zu ihm: Selig, die nicht schauten und doch geglaubt haben.»

306 DIE ACHTE ERSCHEINUNG

Joh 21

ERSTENS: Jesus erscheint sieben Seiner Jünger, die fischen gegangen waren und die ganze Nacht nichts gefangen hatten; als sie aber das Netz auf Sein Geheiß hin auswarfen, «konnten sie es nicht ziehen wegen der Menge der Fische».

ZWEITENS: Auf Grund dieses Wunders erkannte Ihn Sankt Johannes und sagte zu Sankt Petrus: «Es ist der Herr.» Und dieser warf sich ins Meer und kam zu Christus.

DRITTENS: Er gab ihnen ein Stück von einem gebratenen Fisch und eine Honigscheibe zu essen; und Er empfahl Sankt Petrus die Schafe, nachdem Er ihn zuvor dreimal über die Liebe geprüft hatte, und Er sagte zu ihm: «Weide meine Schafe.»

DIE NEUNTE ERSCHEINUNG   307

Mt 28

ERSTENS: Die Jünger begeben sich auf das Geheiß des Herrn hin auf den Berg Tabor.
ZWEITENS: Christus erscheint ihnen und sagt: «Mir ist alle Gewalt gegeben im Himmel und auf Erden.»
DRITTENS: Er sandte sie in die ganze Welt zum Predigen, mit den Worten: «Geht und lehrt alle Völker, indem ihr sie tauft im Namen des Vaters und des Sohnes und des Heiligen Geistes.»

DIE ZEHNTE ERSCHEINUNG   308

1 Kor 15

«Danach wurde Er von mehr als fünfhundert Brüdern zugleich gesehen.»

DIE ELFTE ERSCHEINUNG   309

1 Kor 15

«Dann erschien er dem Jakobus.»

DIE ZWÖLFTE ERSCHEINUNG   310

Er erschien dem Josef von Arimathäa, wie frommerweise betrachtet und im Leben der Heiligen gelesen wird.

DIE DREIZEHNTE ERSCHEINUNG

1 Kor 15

Er erschien Sankt Paulus nach der Himmelfahrt: «Zuletzt erschien Er auch mir wie einer Fehlgeburt.» Er erschien der Seele nach auch den heiligen Vätern in der Unterwelt, und nachdem Er sie von dort fortgeführt und zurückgekehrt war, Seinen Leib wieder zu nehmen, erschien Er viele Male den Jüngern und verkehrte mit ihnen.

312   VON DER HIMMELFAHRT CHRISTI
UNSERES HERRN

Apg 1

ERSTENS: Nachdem Er während des Zeitraums von vierzig Tagen den Jüngern erschienen war und viele Beweise und Zeichen verrichtet und vom Reiche Gottes gesprochen hatte, trug Er ihnen auf, in Jerusalem den Heiligen Geist zu erwarten, den Er verheißen hatte.

ZWEITENS: Er führte sie auf den Ölberg, «und in ihrer Gegenwart wurde Er emporgehoben und eine Wolke ließ Ihn vor ihrem Blick entschwinden».

DRITTENS: Während sie zum Himmel aufschauen, sagen ihnen die Engel: «Männer von Galiläa, was steht ihr da und schaut zum Himmel? Dieser Jesus, der von euren Blicken weg in den Himmel gehoben worden ist, Er wird so wiederkehren, wie ihr Ihn zum Himmel fahren saht.»

REGELN, UM EINIGERMASSEN   313
DIE VERSCHIEDENEN BEWEGUNGEN
ZU ERKLÄREN UND ZU ERSPÜREN,
DIE IN DER SEELE SICH VERURSACHEN;
DIE GUTEN, UM SIE AUFZUNEHMEN,
DIE SCHLECHTEN, UM SIE ZU VERWERFEN.

Sie eignen sich mehr für die erste Woche

DIE ERSTE REGEL. Denen, die von Todsünde zu Todsünde 314
gehen, pflegt der Böse Feind gemeinhin augenscheinliche
Lust vorzustellen, indem er Bilder sinnlicher Ergötzungen
und Lüste hervorruft, um sie jeweils mehr in ihren Lastern
und Sünden zu bewahren und zunehmen zu lassen. Der
gute Geist verfährt bei solchen in entgegengesetzter Weise;
er stachelt sie auf und gibt ihnen Gewissensbisse im innern
Instinkt der Vernunft.

DIE ZWEITE. Bei denen, die entschieden voranmachen in 315
der Reinigung von ihren Sünden und die im Dienste Gottes Unseres Herrn vom Guten zum je Besseren übergehen,
hat eine Weise statt, die der ersten Regel entgegengesetzt
ist. Denn nun ist es dem bösen Geiste eigen, zu beißen,
traurig zu stimmen und Hindernisse zu legen, indem er mit
falschen Gründen beunruhigt, damit man nicht weiter vor-
rücke. Und dem guten Geist ist es eigen, Mut und Kraft,
Tröstungen, Tränen, Einsprechungen und Ruhe zu geben,
indem er alle Hindernisse leicht macht und weghebt, damit
man im Tun des Guten weiter voranschreite.

DIE DRITTE. *Vom geistlichen Trost.* Ich rede von Trost, 316
wenn in der Seele eine innere Bewegung sich verursacht,
bei welcher die Seele in Liebe zu ihrem Schöpfer und
Herrn zu entbrennen beginnt und demzufolge kein geschaffenes Ding auf dem Antlitz der Erde mehr in sich zu
lieben vermag, es sei denn im Schöpfer ihrer aller. Desglei-

chen: wenn einer Tränen vergießt, die ihn zur Liebe Seines Herrn bewegen, sei es aus Schmerz über seine Sünden oder über das Leiden Christi Unseres Herrn oder über andere unmittelbar auf Seinen Dienst und Lobpreis hin geordnete Dinge. Und endlich nenne ich Trost jede Zunahme von Hoffnung, Glaube und Liebe, und jede innere Freudigkeit, die ihn zu den himmlischen Dingen ruft und zieht und zum eigenen Heil seiner Seele, indem sie ihn besänftigt und befriedet in seinem Schöpfer und Herrn.

317 DIE VIERTE. *Von der geistlichen Trostlosigkeit.* Ich nenne Trostlosigkeit alles, was zur dritten Regel in Gegensatz steht, als da ist: Verfinsterung der Seele, Verwirrung in ihr, Hinneigung zu den niedrigen und erdhaften Dingen, Unruhe verschiedener Getriebenheiten und Anfechtungen, die zum Mangel an Glauben, an Hoffnung, an Liebe bewegen, wobei sich die Seele ganz träg, lau, traurig findet und wie getrennt von ihrem Schöpfer und Herrn. Denn wie der Trost das Gegenteil der Trostlosigkeit ist, so sind auch die Gedanken, die der Trostlosigkeit entspringen, entgegengesetzt den Gedanken, die aus dem Trost entstehen.

318 DIE FÜNFTE. Zur Zeit der Trostlosigkeit soll man nie eine Änderung treffen, sondern fest und beständig in den Vorsätzen und der Entscheidung stehen, in denen man am Tag vor dieser Trostlosigkeit stand, oder in der Entscheidung, in der man im vorausgehenden Troste stand. Denn wie uns im Trost jeweils mehr der gute Geist führt und berät, so in der Trostlosigkeit der böse, auf dessen Ratschläge hin wir den Weg nie finden können, um das Rechte zu treffen.

319 DIE SECHSTE. Sollen wir in der Trostlosigkeit die früheren Vorsätze nicht ändern, so ist es doch sehr von Nutzen, uns selber entschieden gegen eben diese Trostlosigkeit hin zu ändern, so etwa, daß wir uns mehr dem Gebet, der Betrachtung hingeben, uns viel prüfen und in irgendeiner angemessenen Weise freigebiger Buße tun.

DIE SIEBTE. Wer in Trostlosigkeit ist, erwäge, wie der Herr 320
ihn zur Probe in seinen natürlichen Fähigkeiten gelassen
hat, zu dem Zweck, daß er den verschiedenen Antrieben
und Anfechtungen des Feindes widerstehe. Er kann es
nämlich mit der göttlichen Hilfe, die ihm stets verbleibt,
auch wenn er sie nicht deutlich spürt, da ihm der Herr zwar
seine große Glut, die besondere Liebe und die intensive
Gnade entzogen, ihm aber die zum ewigen Heil genügende
Gnade gelassen hat.

DIE ACHTE. Wer in Trostlosigkeit ist, gebe sich Mühe, in 321
der Geduld auszuharren, die den ihn überkommenden
Quälereien entgegenwirkt. Und er möge bedenken, daß er
gar bald wieder getröstet sein wird; dabei aber sorgsam die
Mittel gegen solche Trostlosigkeit anwenden, wie in der
sechsten Regel gesagt worden ist.

DIE NEUNTE. Drei Gründe sind es vornehmlich, warum 322
wir uns trostlos finden. Der erste, weil wir lau, träge oder
nachlässig in unseren geistlichen Übungen sind: so zieht
sich durch unsere Schuld der geistliche Trost von uns zurück. Der zweite, damit Gott uns erprobe, wie weit wir
sind und in welchem Ausmaß wir uns ausgeben in seinem
Dienst und Lobpreis ohne einen so großen Sold an Tröstungen und besonderen Gnaden. Der dritte, um uns die
wahre Kenntnis und Einsicht zu geben, dazuhin, es inwen-
dig zu erleben, daß es nicht unsere Sache ist, große Hingabe, intensive Liebe, Tränen oder irgendeinen andern geistlichen Trost uns zu verschaffen oder zu erhalten, sondern
daß es ganz eine Gabe und Gnade Gottes Unseres Herrn
ist, und wir uns nicht in ein fremdes Haus einnisten und
unsern Geist in irgendeinem Stolz oder eitelm Ruhm auf-
blähen, indem wir die Andacht oder andere Teile des geistlichen Trostes uns selber zuschreiben.

323 DIE ZEHNTE. Wer im Trost ist, bedenke, wie er sich in der Trostlosigkeit benehmen werde, die später kommen wird, indem er für dann neue Kräfte sammelt.

324 DIE ELFTE. Wer getröstet ist, sorge sich zu demütigen und zu erniedrigen soviel er kann, indem er bedenkt, wie wenig er wert ist zur Zeit der Trostlosigkeit ohne diese besondere Gnade oder Tröstung. Und im Gegenteil bedenke, wer in der Trostlosigkeit ist, daß er viel vermag mit der Gnade, die genügt, um allen seinen Feinden zu widerstehen, indem er die Kräfte bei seinem Schöpfer und Herrn sich holt.

325 DIE ZWÖLFTE. Der Feind verhält sich wie ein Weib; seine Kräfte sind schwach, aber er will gerne stark erscheinen. Denn wie es Weiberart ist, beim Streit mit einem Mann den Mut zu verlieren und die Flucht zu ergreifen, wenn der Mann ihr die starke Stirne zeigt, wenn aber der Mann zu weichen beginnt und den Mut sinken läßt, Zorn, Rache und Wildheit des Weibes übergroß und maßlos werden, so ist es auch dem Feinde eigen, zusammenzusinken und den Mut zu verlieren, so daß seine Versuchungen die Flucht ergreifen, wenn der Mensch, der sich in geistlichen Dingen übt, die starke Stirne gegen seine Versuchungen zeigt, indem er geradenwegs das Gegenteil tut; wenn hingegen der sich Übende anfängt, Furcht zu hegen und beim Ausstehen der Versuchungen den Mut zu verlieren, dann gibt es auf der ganzen Welt keine so wilde Bestie wie den Feind der menschlichen Natur, wenn er mit ausgewachsener Bosheit seine tückische Absicht verfolgt.

326 DIE DREIZEHNTE. Desgleichen verhält er sich wie ein eitler Verliebter: er wünscht verborgen zu sein und nicht entdeckt zu werden. Denn wie dieser falsche Mensch, der sich an die Tochter eines guten Vaters oder an die Gattin eines guten Gatten heranmacht und sie zum Bösen überredet, den Wunsch hat, daß seine Worte und Einflüsterungen geheim bleiben, und es ihm sehr mißfällt, wenn die Tochter

dem Vater oder die Gattin dem Gatten seine eitlen Worte und seine verkommene Absicht aufdeckt, weil er leicht begreift, daß er sein Vorhaben nicht mehr ausführen kann, ebenso wünscht und begehrt auch der Feind der menschlichen Natur, wenn er seine Listen und Einflüsterungen der gerechten Seele einflößt, daß diese im geheimen empfangen und festgehalten werden; entdeckt sie sie aber ihrem guten Beichtvater oder einer andern geistlichen Person, die seine Betrügereien und Bosheiten kennt, so grämt ihn das sehr, denn er begreift, daß er mit seiner begonnenen Bosheit nicht zum Ziel gelangen kann, da seine klaren Betrügereien offen zutage liegen.

DIE VIERZEHNTE. Er verhält sich auch wie ein Häuptling, 327 der einen Platz bezwingen und ausrauben will. Wie ein Hauptmann oder Anführer im Feld Stellung bezieht und Kräfte und Lage der Burg ausspäht, um sie dann an der schwächsten Stelle anzugreifen, ebenso umschleicht auch der Feind der menschlichen Natur rings alle unsere theologischen, kardinalen und moralischen Tugenden, und wo er uns schwächer und ungeschützter zu unserem ewigen Heil hin findet, dort führt er seinen Schlag gegen uns und trachtet, uns einzunehmen.

REGELN ZU DEM ZWECK, DIE GEISTER NOCH 328
GENAUER ZU UNTERSCHEIDEN

Sie eignen sich mehr für die zweite Woche

DIE ERSTE. Es ist Gott und Seinen Engeln in ihren Anre- 329 gungen eigen, wahre geistliche Freude und Fröhlichkeit zu geben und alle Trauer und Verwirrung, die der Feind herbeiführt, zu entfernen, dessen Art es ist, gegen solche geistliche Fröhlichkeit und Tröstung anzukämpfen, indem er Scheingründe, Spitzfindigkeiten und anhaltende Täuschungen beizieht.

330 DIE ZWEITE. Einzig Gott Unser Herr kann ohne vorausgehenden Grund der Seele Trost geben; denn es ist dem Schöpfer vorbehalten, in sie einzutreten, aus ihr hinauszugehen, sie so zu bewegen, daß Er sie ganz in die Liebe zu Seiner Göttlichen Majestät hineinzieht. Ohne Grund soll heißen: ohne vorausgehendes Fühlen oder Erkennen irgendeines Gegenstandes, der ihr vermittels der Akte ihres Verstandes und Willens eine solche Tröstung herbeiführen würde.

331 DIE DRITTE. Mittels eines [solchen] Grundes kann sowohl der gute wie der böse Engel die Seele trösten; aber zu entgegengesetztem Ziele hin: der gute Engel zu ihrer Förderung, auf daß sie wachse und aufsteige vom Guten zum je Besseren, und der böse Engel zum Gegenteil, und um sie zuletzt zu seiner verwerflichen Absicht und Bosheit hinzuziehen.

332 DIE VIERTE. Die Art des bösen Engels, der sich in die Gestalt eines Engels des Lichtes verwandelt, ist es, mit der frommen Seele einzutreten und mit sich selbst auszutreten; will sagen: gute und heilige Gedanken, die einer solchen gerechten Seele angepaßt sind, einzuflößen, dann aber ganz allmählich zu seinem eigenen Ziele überzugehen, indem er die Seele in seine verdeckten Betrügereien und verkehrten Absichten hinzieht.

333 DIE FÜNFTE. Wir müssen sehr achtgeben auf den Verlauf der Gedanken. Sind Anfang, Mitte und Ende gut und hingerichtet auf etwas ganz Gutes, dann ist dies ein Zeichen des guten Engels. Wenn aber einer im Ablauf seiner Gedanken bei einer schlechten oder ablenkenden Sache endet oder bei etwas weniger Gutem als dem, was die Seele sich vorher vorgenommen hatte zu tun, oder wenn es die Seele schwächt oder verwirrt, indem es ihr den Frieden, die Stille und Ruhe, die sie vorher hatte, wegnimmt, so ist dies ein klares Zeichen, daß es vom bösen Geiste herstammt, dem Feind unseres Fortschritts und ewigen Heils.

DIE SECHSTE. Wenn der Feind der menschlichen Natur an 334
seinem Schlangenschwanz gespürt und erkannt ward und
am bösen Ende, zu dem er hinführt, so ist es der Person, die
von ihm versucht wurde, nützlich, sofort den Verlauf der
guten Gedanken, die er eingab, zu betrachten: wie es an-
fing, und er dann nach und nach dafür sorgte, daß sie aus
der geistlichen Anmut und Freude, darin sie sich befand,
herabstieg, bis er sie schließlich zu seiner gottlosen Absicht
verführte. Und sie soll das tun, um auf Grund einer solchen
erkannten und vermerkten Erfahrung sich künftig vor seinen gewohnten Betrügereien hüten zu können.

DIE SIEBTE. Bei denen, die vom Guten zum je Bessern vor- 335
anschreiten, berührt der gute Engel die Seele sanft, leicht
und lind wie ein Tropfen Wassers, der in einen Schwamm
eindringt. Der böse dagegen berührt sie spitz und scharf
und mit Gedröhn und Unruhe, wie wenn der Tropfen
Wassers auf einen Stein fällt. Jene, die vom Schlechten ins
je Schlechtere voranschreiten, werden von den besagten
Geistern in entgegengesetzter Weise berührt. Die Ursache
davon ist, daß die Disposition der Seele diesen Engeln ent-
weder entgegengesetzt oder gleich ist. Denn ist sie entgegengesetzt, so treten sie mit Geräusch und Sensation und
Fühlbarkeit ein; ist sie gleich, so tritt der Geist schweigend
ein wie in sein eigenes Haus bei offener Tür.

DIE ACHTE. Ist die Tröstung ohne Grund und somit ein 336
Betrug ausgeschlossen, da sie, wie gesagt wurde, von Gott
Unserem Herrn allein herstammt, so soll doch die geistliche Person, der Gott solche Tröstung gibt, mit großer
Wachsamkeit und Sorgfalt zusehen und die eigentliche Zeit
der aktuell sich vollziehenden Tröstung (actual consola-
ción) von der nachfolgenden Zeit unterscheiden, in der
die Seele noch glüht und von der Gunsterweisung und dem
von der vergangenen Tröstung Übriggelassenen beseligt
ist. Denn nicht selten bildet sie in dieser zweiten Zeit durch
eigene Überlegungen auf Grund von Gewohnheiten und

von Folgerungen aus [ihren eigenen] Begriffen und Urteilen oder durch den guten oder den bösen Geist verschiedene Vorsätze und Ansichten, die nicht unmittelbar von Gott Unserem Herrn gegeben sind, und die darum sehr genau untersucht werden müssen, bevor man ihnen volles Zutrauen schenkt oder sie in die Tat umsetzt.

337   IM DIENST DER ALMOSENVERTEILUNG

sollen folgende Regeln beachtet werden

338   DIE ERSTE REGEL. Wenn ich an Verwandte oder Freunde oder an Personen, zu denen ich eine Zuneigung habe, Almosen zu verteilen habe, ist auf vier Dinge zu achten, die zum Teil schon bei den Gegenständen der Erwählungen genannt worden sind. Erstens muß die Liebe, die mich bewegt und das Almosen geben läßt, von oben absteigen, von der Liebe Gottes Unseres Herrn; dergestalt, daß ich zuerst in mir wahrnehme, wie die mehr oder weniger große Liebe, die ich zu solchen Personen verspüre, um Gottes willen ist, und daß aus dem Grunde, aus welchem ich sie liebend vorziehe, Gott hervorstrahlt.

339   DIE ZWEITE. Ich will mir einen Menschen vorstellen, den ich nie gesehen noch gekannt habe, und wünsche ihm alle Vollkommenheit in dem Amt und Stand, die er innehat. Und wie ich möchte, daß er in seiner Art der Austeilung die rechte Mitte halte zur größeren Ehre Gottes Unseres Herrn und zur größeren Vollkommenheit seiner Seele, so werde ich selber es tun, nicht mehr und nicht weniger, indem ich mich an die Regel und das Maß halte, das ich dem andern wünsche und das ich für richtig erachte.

340   DIE DRITTE. Ich will, als wäre ich schon in der Todesstunde, die Form und das Maß erwägen, die ich dann im Dienst meiner Vermögensverwaltung eingehalten zu haben wünschte. Und danach mich regelnd, werde ich sie einhalten bei dem Vollzug meiner Almosenverteilung.

DIE VIERTE. Betrachtend, wie ich mich fände am Tag des Ge- 341
richtes, gut überlegen, wie ich dann dieses Auftrags und der
Bürde dieses Amtes mich entledigt haben möchte, und die
Regel, die ich dann befolgt haben möchte, befolge ich jetzt.

DIE FÜNFTE. Fühlt sich jemand zu gewissen Personen hin- 342
geneigt und von ihnen angezogen, so halte er sich zurück
und überlege gut die vier obgenannten Regeln, indem er an
ihnen seine Neigungen prüft und erprobt, und er gebe das
Almosen nicht, bevor er nicht ihnen gemäß seine ungeordnete Neigung ganz abgelegt und von sich getan hat.

DIE SECHSTE. Wenn es auch keine Sünde ist, Güter Gottes 343
Unseres Herrn in Verwaltung zu nehmen, um sie auszuteilen, falls jemand von Gott Unserem Herrn zu solchem
Auftrag gerufen ist, so kann doch ein Zweifel entstehen
über das Maß: wieviel er nämlich von dem, was er andern
auszuteilen hat, für sich selber nehmen und verwenden
darf, und ob es nicht schuldhaft und Übermaß ist. Diesbe-
züglich kann man sich in seinem Leben und Stand bessern
nach den obgenannten Regeln.

DIE SIEBTE. Aus den erwähnten und aus vielen andern Grün- 344
den ist es immer je besser und je sicherer, in dem, was die
eigene Person und den eigenen Haushalt angeht, je mehr man
sich einschränkt und vergeringert, und je mehr man sich nä-
hert unserem Hohenpriester, unserem Vorbild und unserer
Regel, Christus Unserem Herrn. Dementsprechend hat das
dritte Konzil von Karthago, dem Sankt Augustin beiwohnte,
bestimmt und geboten, daß der Hausrat des Bischofs wertlos
und arm sei. Dasselbe ist für jede Lebensweise zu beachten,
indem man dabei auf die Lage und den Stand der Person
schaut und sie mitberücksichtigt. So haben wir für die Ehe
das Beispiel Sankt Joachims und Sankt Annas, die ihr Ver-
mögen in drei Teile teilten und den ersten den Armen gaben,
den zweiten für Tempelamt und -dienst, den dritten nahmen
zum Unterhalt ihrer selbst und ihrer Familie.

UM SKRUPELN UND EINFLÜSTERUNGEN UNSERES
FEINDES ZU MERKEN UND ZU ERKENNEN

sind folgende Bemerkungen dienlich

346 DIE ERSTE. Man nennt nicht selten Skrupel, was aus unserem eigenen freien Urteil hervorgeht, ich meine: wenn ich frei aufstelle, etwas sei Sünde, was keine Sünde ist; wie es wohl vorkommen kann, daß einer, der zufällig auf ein aus Strohhalmen gebildetes Kreuz tritt, sich das Urteil bildet, er habe gesündigt. Doch ist das genau gesprochen ein falsches Urteil und noch kein wirklicher Skrupel.

347 DIE ZWEITE. Nachdem ich auf jenes Kreuz getreten bin und unterdessen irgend etwas anderes gedacht oder gesagt oder getan habe, kommt mir von außen her der Gedanke, ich hätte gesündigt. Anderseits scheint es mir, ich hätte nicht gesündigt, und doch fühle ich mich dabei verwirrt, sofern ich nämlich zweifle und zugleich auch nicht zweifle. Dies nun ist ein eigentlicher Skrupel und eine Versuchung, die der Feind setzt.

348 DIE DRITTE. Der erste Skrupel in der ersten Bemerkung ist völlig aus dem Sinn zu schlagen, weil er im ganzen Irrtum ist. Der zweite dagegen in der zweiten Bemerkung ist während einiger Zeit von nicht geringem Nutzen für die Seele, die sich geistlichen Übungen hingibt. Er reinigt und läutert eine solche Seele sogar in hohem Maße, indem er sie sehr von allem Anschein der Sünde scheidet, nach dem Ausspruch Gregors: «Guten Gemütern eignet es, dort Schuld zu erkennen, wo keinerlei Schuld ist.»

349 DIE VIERTE. Der Feind achtet sehr darauf, ob eine Seele grob oder fein ist. Und ist sie fein, so besorgt er, sie je mehr ins Äußerste zu verfeinern, um sie je mehr zu verwirren und zugrunde zu richten. Wenn er zum Beispiel sieht, daß eine Seele keine tödlichen oder läßlichen Sünden in sich einläßt, noch irgendeinen Schein überlegter Sünde, dann

besorgt der Feind, wenn er nicht zuwege bringt, sie in etwas fallen zu lassen, was Sünde scheint, sie [wenigstens] eine Sünde sich einbilden zu lassen, dort, wo keine ist; wie etwa bei einem Wort oder einem geringsten Gedanken. Ist die Seele grob, so besorgt der Feind, sie je mehr zu vergröbern; er wird zum Beispiel, wenn sie vorher kein Wesen aus läßlichen Sünden machte, darauf bedacht sein, daß sie aus Todsünden wenig Aufheben macht, und, wenn sie zuvor noch einige Scheu besaß, daß sie nachher sich viel weniger oder gar nichts mehr daraus macht.

DIE FÜNFTE. Die Seele, die im geistlichen Leben voranzu- 350
kommen wünscht, muß immerdar in der dem Feind entgegengesetzten Weise verfahren. Das heißt: versucht der Feind die Seele zu vergröbern, so besorge die Seele, sich zu verfeinern. Sucht der Feind sie entsprechend bis ins Äußerste zu verfeinern, so besorge sie, sich in der Mitte zu festigen, um in allem ruhig zu werden.

DIE SECHSTE. Wenn eine solche Seele den guten Willen hat, 351
etwas zu reden oder zu tun, was im Bereich der Kirche, im Bereich der Meinung unserer Obern liegt und zur Ehre Gottes Unseres Herrn gereicht, und es kommt ein Gedanke oder eine Versuchung von außen, jene Sache nicht zu sagen oder zu tun, Scheingründe vorstellend wie eiteln Ruhm oder irgend etwas anderes usf., dann soll sie ihren Verstand zu Gott ihrem Schöpfer und Herrn erheben, und wenn sie sieht, daß es Sein schuldiger Dienst ist oder wenigstens nicht dagegen verstößt, dann soll sie geradenwegs jener Versuchung entgegenhandeln, und ihr wie Bernhard antworten: «Weder fing ich deinetwegen an, noch höre ich deinetwegen auf.»

[DIE KIRCHLICHE GESINNUNG]

UM DAS WAHRE FÜHLEN ZU ERLANGEN,
DAS WIR IN DER DIENSTTUENDEN KIRCHE
352   HABEN SOLLEN

werden die folgenden Regeln beachtet

353   DIE ERSTE. In Absehung jeglichen [privaten] Urteils müssen wir den Geist gerüstet und bereit halten, dazu hin, in allem zu gehorchen der wahren Braut Christi Unseres Herrn, die da ist Unsere Heilige Mutter, die Hierarchische Kirche.

354   DIE ZWEITE. Loben die Beichte beim Priester und den Empfang des Heiligsten Sakramentes einmal im Jahr, und viel mehr noch jeden Monat, und viel besser noch alle acht Tage, unter den erforderten und geschuldeten Bedingungen.

355   DIE DRITTE. Loben das öftere Hören der Messe, ebenso Gesänge, Psalmen und lange Gebete innerhalb und außerhalb der Kirche, ebenso die zu bestimmten Zeiten angeordneten Stunden für das ganze Officium Divinum, und für jede Andacht und alle kanonischen Horen.

356   DIE VIERTE. Loben mit Nachdruck die Orden, die Jungfräulichkeit und die Enthaltsamkeit, und nicht so sehr wie eines von diesen die Ehe.

357   DIE FÜNFTE. Loben die religiösen Gelübde des Gehorsams, der Armut, der Keuschheit und anderer Vollkommenheiten der Übergebühr. Und es ist zu bemerken: da das Gelübde Dinge betrifft, die auf die evangelische Vollkommenheit zustreben, soll man in Dingen, die sich von ihr entfernen, kein Gelübde ablegen, etwa Kaufmann oder Ehegatte zu werden.

358   DIE SECHSTE. Loben die Reliquien der Heiligen, indem man jenen Verehrung erzeigt und zu diesen betet. Loben

auch Stationsandachten, Wallfahrten, Ablässe, Jubiläen, Kreuzzugsbullen und das Anzünden von Kerzen in den Kirchen.

DIE SIEBTE. Loben Bestimmungen über Fasten und Absti- 359
nenz wie in der Fastenzeit, an Quatember, an Vigilien, Freitags und Samstags. Ebenso Buße, nicht nur innere, sondern auch äußere.

DIE ACHTE. Loben die Ausschmückung und den Bau von 360
Kirchen, ebenso Bilder, und sie verehren gemäß dem, was sie darstellen.

DIE NEUNTE. Loben endlich alle Vorschriften der Kirche, 361
stets bereiten Geistes, um Gründe zu ihrer Verteidigung zu finden und in keiner Weise zum Widerstand gegen sie.

DIE ZEHNTE. Wir müssen jeweils mehr bereit sein, gut- 362
zuheißen und zu loben sowohl die Anordnungen und An- empfehlungen wie die Sitten unserer Obern. Denn gesetzt auch, einige von ihnen sind oder waren nicht entsprechend, so würde doch ein Reden dagegen, sei es in öffentlicher Predigt oder im Gespräch mit dem gemeinen Volk, mehr Murren und Anstoß erregen als Nutzen, würde doch das Volk nur über seine Vorgesetzten, weltliche oder geistliche, sich entrüsten. Wie es also Schaden bringt, in Abwesenheit der Vorgesetzten vor dem gemeinen Mann übel von ihnen zu reden, so kann es von Nutzen sein, über die schlechten Sitten mit solchen Personen zu sprechen, die ihnen ab- helfen können.

DIE ELFTE. Loben die positive wie die scholastische Lehr- 363
weise. Denn wie es den positiven Lehrern wie Sankt Hie- ronymus, Sankt Augustinus, Sankt Gregor usf. mehr eigen ist, das Gemüt anzuregen, um in allem Gott Unseren Herrn zu lieben und Ihm zu dienen, so ist es den scholasti- schen, wie Sankt Thomas, Sankt Bonaventura und dem

Sentenzenmeister mehr eigen, die zum ewigen Heil notwendigen Dinge für unsere Zeiten zu umgrenzen und zu erklären und alle Irrtümer und Irrlehren besser zu bekämpfen und aufzudecken. Denn da die scholastischen Lehrer der neueren Zeit angehören, haben sie nicht nur die wahre Einsicht in die Heilige Schrift und die positiven Heiligen Kirchenlehrer sich zu Nutzen gemacht, sondern finden, da sie selbst von der göttlichen Kraft erleuchtet und eingestrahlt sind, Hilfe an den Konzilien, den Kanones und Konstitutionen Unserer Heiligen Mutter, der Kirche.

364 DIE ZWÖLFTE. Wir müssen uns hüten, Vergleiche anzustellen zwischen den heute Lebenden und den Seligen früherer Zeiten; denn man irrt darin nicht wenig, wenn man etwa sagt: dieser weiß mehr als Sankt Augustinus, er ist ein anderer Sankt Franziskus oder noch größer, ein zweiter Sankt Paulus an Güte, Heiligkeit usf.

365 DIE DREIZEHNTE. Wir müssen, um in allem das Rechte zu treffen, immer festhalten: ich glaube, daß das Weiße, das ich sehe, schwarz ist, wenn die Hierarchische Kirche es so definiert. Denn wir glauben, daß zwischen Christus Unserem Herrn, dem Bräutigam, und der Braut, der Kirche, der gleiche Geist waltet, der uns zum Heil unserer Seelen leitet und lenkt, weil durch denselben Geist Unsern Herrn, der die Zehn Gebote erließ, auch Unsere Heilige Mutter die Kirche gelenkt und regiert wird.

366 DIE VIERZEHNTE. Wiewohl es vollkommen wahr ist, daß niemand ohne prädestiniert zu sein und ohne Glauben und Gnade sich retten kann, ist doch sehr achtzugeben auf die Art, über alle diese Dinge zu reden und sich zu unterhalten.

367 DIE FÜNFZEHNTE. Wir dürfen nie die Gewohnheit haben, viel über die Prädestination zu reden. Wenn aber auf irgendeine Weise oder irgendeinmal die Rede daraufkommt,

dann rede man so, daß das gemeine Volk nicht in einen Irrtum gerate, wie man wohl bisweilen sagen hört: ob ich gerettet oder verdammt bin, ist bereits vorherbestimmt, meine guten oder schlechten Werke ändern also nichts daran. Damit werden sie träge und lässig in ihren Werken, die zum Heil und geistlichen Fortschritt ihrer Seelen hinführen.

DIE SECHZEHNTE. Ebenso muß man sich in acht nehmen, durch vieles und nachdrückliches Reden vom Glauben ohne irgendwelche Unterscheidung und Erklärung dem Volke Anlaß zu geben, in den Werken lau und träge zu werden, sei es vor des Glaubens Formung durch die Liebe, sei es nachher. 368

DIE SIEBZEHNTE. Desgleichen sollen wir nicht so breit und mit solchem Nachdruck von der Gnade reden, daß daraus das Gift entsteht, die Freiheit aufzuheben. Man kann von Glaube und Gnade mit dem Beistand der göttlichen Hilfe so viel reden als zum je größeren Lobpreis Seiner Göttlichen Majestät möglich ist, aber nicht der Art und solcher Weise, zumal nicht in unseren so gefährlichen Zeiten, daß die Werke und die freie Wahl irgendeine Einbuße erleiden oder für nichts erachtet werden. 369

DIE ACHTZEHNTE. Obgleich man den großen Dienst für Gott Unsern Herrn aus reiner Liebe über alles zu schätzen hat, sollen wir doch auch die Furcht vor Seiner Göttlichen Majestät sehr loben, weil nicht nur die kindliche Furcht eine fromme und heilige Sache ist, sondern weil auch die knechtliche Furcht, wo der Mensch etwas Besseres und Nützlicheres nicht erreicht, ihm viel hilft aus der Todsünde herauszukommen, und ist er einmal von ihr befreit, so gelangt er leicht zur kindlichen Furcht, die Gott Unserem Herrn ganz angenehm und gefällig ist, weil sie eins ist mit der Göttlichen Liebe. 370

NACHWORT ZUR ÜBERSETZUNG

Die vorliegende neue Übersetzung der Exerzitien erstrebt nichts weiter als eine schlichte Wiedergabe des spanischen Urtextes. Vom Gedanken ausgehend, daß die Geistlichen Übungen kein Lese- und Erbauungsbuch sind, wurde jeder Versuch unterlassen, den knappen, ganz unliterarischen Text durch Erweiterungen, Auslegungen oder Anmerkungen zugänglicher zu machen. Zum wirklichen Verständnis reicht die Lektüre des durch einige Anmerkungen versehenen Textes nicht hin: man muß die Exerzitien machen, um sie kennenzulernen, und sie aufs gründlichste studieren, um sie geben zu können.

Statt den Text zu glossieren wurde diesmal der Versuch unternommen, nach Möglichkeit den echten Tonfall des Originals wiederzugeben: die fast unnachahmliche adelige Strenge, Kürze und Unpersönlichkeit, deren die hinreißende Glut des Gehaltes notwendig bedarf, um sich darin sowohl zu verhüllen wie auszudrücken.

So war es vor allem notwendig, die unpersönlichen Infinitive stehen zu lassen und sie nicht (wie die meisten bisherigen Übersetzungen) durch Ich- oder Man-Konstruktionen wiederzugeben (vgl. z. B. Nr. 43, 66ff.). Erst so erhält die erste Person, dort wo sie, spärlich und in genauer Berechnung, wirklich verwendet wird (z. B. Nr. 52, gegenüber 46-51), ihr ganzes Gewicht.

Sodann schien es notwendig, jenes formale Element, das das ganze Werk von Anfang bis zu Ende durchwaltet, den Komparativ, durch bestimmte Unterstreichungen bewußt werden zu lassen. Der Komparativ (más, mejor usw.) ist als die nach oben offene Steigerung der eigentliche Lebens- und Denkrhythmus des Gründers der Gesellschaft Jesu, der, jedem statischen Positiv und Superlativ abhold, in der Unabschließbarkeit des Mehr das unterscheidend Göttliche (Deus semper major), aber auch das unterscheidend Geschöpfliche Gott gegenüber (ad majorem Dei gloriam) ausgedrückt sieht. So wird dieser offene Komparativ, der auch alle Briefe Ignatius' und seine Konstitutionen formt, zum geistigen Kennwort der Exerzitien, und es schien angemessen, ihn (wie schon Erich Przywara es tat), dort wo es anging, durch die Form «je mehr» oder «jeweils mehr» kenntlich zu machen.

Ähnlich mußte die im spanischen «para» liegende Dynamik oft ins Licht gesetzt werden durch das ausdrücklichere «dazu hin» statt bloßem «um zu» (vgl. Nr. 23).

Die verschiedenen Arten des kontemplativen Gebetes wurden so wiedergegeben, daß «meditación» mit Besinnung, «consideración» mit Erwägung, «contemplación» (im Anschluß an Raitz v. Frentz) mit Betrachtung (nicht mit Beschauung wie bei Feder oder Anschauung wie bei Przywara) wiedergegeben wurde; wobei nur — um Mißverständnissen vorzubeugen, die denen der « Ratio meditandi» Roothaans analog wären — zu beachten ist, daß Betrachtung hier als Art- und nicht als Gattungsbegriff zu fassen ist mit einer von Ignatius genau umgrenzten Methodik (Nr. 101ff.).

Einige für den Urtext besonders bezeichnende Worte und Wendungen wurden der größeren Eindringlichkeit halber in runden Klammern beigefügt. Alles in eckigen Klammern Stehende ist der Verdeutlichung halber vom Übersetzer hinzugetan. Die hergebrachte Numerierung wurde beibehalten.

Von früheren Übersetzungen wurden herangezogen: die lateinische von P. Roothaan; die deutschen von Joh. Handmann S.J. (mit Roothaans Erläuterungen. Regensburg, Manz 1904), A. Feder S.J. (ebd. 1921; [5]1932 durchgesehen von E. Raitz v. Frentz S.J.), O. Karrer (Paderborn, Schöningh 1926), Bernhard Köhler (Berlin-Leipzig, Seemann o. J.), F. Weinhandl (Recht, München 1921) und E. Przywara S.J. (In: Deus semper major, Freiburg, Herder, 1938-1940).[*]

* Seither veröffentlichte Ausgaben: Ignatius, Geistliche Übungen. Übertragung und Erklärung von Adolf Haas. Mit einem Geleitwort von Karl Rahner (Herder, Freiburg-Basel-Köln 1966); Ignatius von Loyola, Geistliche Übungen und erläuternde Texte. Übersetzt und erläutert von Peter Knauer (Verlag Styria, Graz-Wien-Köln 1978).

Während Karrer mehr eine glättende Paraphrase (mit Umstellungen und Zusammenziehungen des Textes) bietet, Weinhandl seine Wiedergabe auf den Ton des «deutschen Gemütes» stimmt, Handmann eine solide, etwas glanzlose und stark auslegende Übertragung, Feder eine solche «in gefälligem deutschen Gewand» für weitere Kreise (VIII) gibt, haben sich insbesondere Köhler und Przywara um die Wiedergabe des authentischen Tones des Büchleins bemüht. Köhler dürfte in dieser Beziehung das Beste geleistet haben, obwohl er an einzelnen Stellen (als Nichtkatholik) den Wortsinn nicht trifft. Przywaras Übersetzung bringt durch eine minutiöse Angleichung an den Wortlaut des Urtextes sehr oft feine Schattierungen heraus, die wir nach Möglichkeit dankbar übernahmen, wenn unsere Übersetzung sich auch um der flüssigen Lesbarkeit willen viel stärker an den überkommenen Sprachgebrauch halten mußte.